情報システムの高度活用マネジメントの研究

中小企業における IT 活用をどう促進するか

仲野 友樹 著

芙蓉書房出版

まえがき

　本書は，情報システムの導入までは一般化してきたが，概して情報システムを高度に活用するには至っていないとされる中小企業を対象に，情報システムの高度活用をするための仕組みと効果の関係性を明らかにすることを目標としている．

　企業にとって情報は，経営資源のヒト・モノ・カネに続いて，第4の経営資源と並び称されるようになった．そのことから，情報と情報システムはいかなる組織にとってもますます必要不可欠な存在となっていると考えられる．しかしながら，現在では，大企業だけではなく，中小企業における情報システムの導入も進展しており，情報システムを導入することのみによるコスト削減などの効果では，競合他社に対する競争優位の獲得は難しくなってきている．そこで，コスト削減などの一過性の効果に留まらない競争優位を獲得するため，情報システムを効果的に活用することが重要である．

　本書を執筆するにあたって，アンケート調査を2回実施した．第1回のアンケート調査である「中小企業における情報活用力とIT化に関するアンケート調査」は2009年8月に全国4,500社の中小企業を対象として，調査票を郵送することにより実施した．さらに，第2回のアンケート調査である「情報システムの活用・評価に関するアンケート調査」は2010年10月に，第1回のアンケート調査で回答のあった778社を対象として，調査票を郵送することにより実施した．

　本研究では，先行研究サーベイから，情報システムを高度に活用するためには，PDCAサイクルの実施と情報の活用が必要であることを明らかにした．この結果をもとに，情報システムの高度活用マネジメントとして分析枠組を構築した．

　以上の検討にもとづいて，アンケート調査結果に情報システムの高度活用マネジメントの分析枠組を適用し，第1回アンケート結果にはクラスター分析，第2回アンケート結果にはロジスティック回帰分析を実施した．その結果，中小企業が情報システムを高度に活用するためには，情報システムに対するPDCAサイクルと情報システムから得られた情報の活用を実施することによ

1

る，情報システムの高度活用マネジメントが大きな役割を果たすことが裏付けられた．さらに，中小企業であっても，自社の主要な業務の分野を選択し，その分野の情報システムのマネジメントに注力することにより，効果を獲得しやすくなるという結果も得ることができた．

　このように，有している経営資源が限られている中小企業においては，自社の中心となるような情報システムを対象として絞り，高度活用マネジメントを適用していくことが重要であると結論づけられた．

　　平成27年7月

仲野　友樹

情報システムの高度活用マネジメントの研究◆目次

まえがき *1*

第1章　本研究の目的と概要　　　　　　　　　　　　　　　*7*

第1節　本研究の目的　*7*
第2節　本研究の構成，概要　*10*

第2章　先行研究　　　　　　　　　　　　　　　　　　　　*15*

第1節　情報システムの定義　*15*
第2節　情報システム発展の歴史　*16*
　1．MIS（Management Information System:経営情報システム）　*19*
　2．DSS（Decision Support System:意思決定支援システム）　*21*
　3．SIS（Strategic Information System:戦略的情報システム）　*24*
第3節　中小企業の定義　*27*
第4節　中小企業における情報システムの活用　*30*
第5節　情報システムの高度活用　*35*

第3章　研究手法と仮説の提示　　　　　　　　　　　　　　*41*

第1節　研究手法　*41*
　1．研究手法の概要　*41*
　2．中小企業における情報活用力とIT化に関するアンケート調査　*44*
　3．情報システムの活用・評価に関するアンケート調査　*46*

第2節　分析枠組の構築と仮説の提示　*47*
　1．情報システムの高度活用とPDCAサイクルの実施　*47*
　2．情報システムの高度活用と情報の活用　*49*
第3節　分析枠組の構築と仮説の提示　*53*

第4章　中小企業における情報システムの高度活用マネジメントの分析　*61*

第1節　分析の概要　*61*
第2節　情報システムの高度活用企業の分析　*62*
第3節　結果とその解釈　*69*

第5章　中小企業における情報システムの高度活用についてのクラスター分析　*73*

第1節　分析の概要　*73*
第2節　PDCAサイクル実施企業の分析　*74*
　1．Plan（情報システム導入の計画）　*74*
　2．Do（情報システムの導入）　*75*
　3．Check（情報システムの評価）　*77*
　4．Act（評価に対する情報システムの改善）　*77*
第3節　情報の活用企業の分析　*79*
　1．第1のステップ（情報の収集）　*80*
　2．第2のステップ（情報の選定）　*81*
　3．第3のステップ（情報の創出）　*82*
第4節　情報システムの高度活用企業の分析　*84*
第5節　主成分分析とクラスター分析　*90*
第6節　結果とその解釈　*93*

第6章　中小企業における情報システムの高度活用についてのロジスティック回帰分析　　117

第1節　分析の概要　117
第2節　PDCAサイクル実施企業の分析　118
　1．Plan（情報システム導入の計画）　119
　2．Do（情報システムの導入）　120
　3．Check（情報システムの評価）　121
　4．Act（評価に対する情報システムの改善）　122
第3節　情報の活用企業の分析　123
　1．第1のステップ（情報の収集）　124
　2．第2のステップ（情報の選定）　125
　3．第3のステップ（情報の創出）　126
第4節　情報システムの高度活用企業の分析　127
第5節　ロジスティック回帰分析のデータおよび分析方法　134
第6節　ロジスティック回帰分析に使用する変数　136
第7節　結果とその解釈　145

第7章　結論と今後の課題　　155

第1節　本研究の結論　155
第2節　今後の課題　163

注　165
参考文献　169
アンケート調査票　189
　「中小企業における情報活用力とIT化」に関するアンケート調査票　190
　情報システムの活用・評価に関するアンケート調査票　198
あとがき　207
索　引　209

第1章
本研究の目的と概要

第1節　本研究の目的

　我が国の企業数の大半を占める中小企業は，大企業と比較して，一般的に経営資源に乏しいとされている．しかしながら，企業の規模が小さいことから，意思決定などを迅速に行うことができるといった利点も存在している．このような特徴を持つ中小企業の競争力を高めるためには，意思決定に必要な情報を提供するなどの役割を果たす情報システムを有効に活用することが重要であると考える．本研究では，情報システムの導入までは一般化してきたが，概して高度に情報システムを活用するには至っていないとされる中小企業を対象に，情報システムの高度活用をするための仕組みと効果の関係性を明らかにすることを目標とする．

　現在，情報システムは大企業だけではなく，中小企業においても導入が広く進んできている．企業規模に関係なく情報システムが多くの企業に導入されることになった最大の要因は，IT（Information Technology：情報技術）の発展と，それが専門家に限らずに一般化したことによる，情報システムの導入・活用に必要な費用の低廉化が大きく関係しているということができる．IT は，ICT（Information and Communication Technology：情報通信技術）とも呼ばれる．

　情報システムは，コンピュータの発展とともに，経営における役割を大きく変化させてきた．役割が変化することにより，経営において重きが置かれるようになった．データ処理等を行うだけであった初期の情報システムは，現在では，経営の意思決定や顧客管理に活用されるなど，扱う対象を広げてきた．人間の代替として，効率化，省力化を求められていた時代から，情報システムを活用することによる競争優位の獲得が求められる時代に変化してきたのである．

このように情報システムが活用されることで，情報システムは，単なる経営における道具の1つから，経営に不可欠な存在となった．

企業にとって情報は，経営資源のヒト・モノ・カネに続いて，第4の経営資源と並び称されるようになった．遠山＝村田＝岸［2008］は，情報はヒト・モノ・カネと同列に扱われるだけではなく，それらを効率的・効果的に管理するために役立つ側面が存在しているとしている*1．宮川［2004］は，情報を活用するために，企業の情報化は必然の傾向となると主張している*2．また，森川［2006］は，市場の変化などによる現代組織のマネジメントするべき領域の拡大にともなって，情報と情報システムはいかなる組織にとってもますます必要不可欠な存在となっていると報告している*3．

しかしながら，現在では，大企業だけではなく，中小企業における情報システムの導入も進展しており，Powell=Dent-Micallef［1997］の示す通り，情報システムを導入することのみによるコスト削減などの効果では，競合他社に対する競争優位の獲得は難しくなってきている*4．これは，情報システムのコモディティ化と呼ばれている．前田［2005］は，情報システムのコモディディ化が進むことで，情報システムによる競争優位性は失われつつあるとしている*5．

導入した当初は，情報システムを導入すること，それ自体により，他社に対する優位性を得ることができた．しかし，効率化，省力化などを目的とした情報システムの活用は，比較的に模倣がしやすい．他社が同様の情報システムを導入することによって，情報システムを導入したことによる効果は一過性のものとなり，優位性は失われることになる．そこで，Levy et al.［2002］の報告にある通り，コスト削減などの一過性の効果に留まらない競争優位を獲得するため，情報システムを戦略的に活用することが重要である*6．そのためには，「企業の競争優位はITの導入それ自体ではなく，ITの活用を通じてもたらされる*7」と遠山＝松嶋［2010］が指摘している通り，情報システムを導入するだけではなく，企業の業務に合わせて活用することによって，競争優位を得られるようにしなければならない．つまり，情報システムによるコスト削減などに留まるコモディティ化から抜け出し，情報システムの高度活用をする必要がある．

その結果として，Brynjolfsson［2004］のように，情報システムによって競争力が強化された企業も報告されている*8．しかし，一般に大企業と比較して経営資源の劣る中小企業では，Levy=Powell［1998］の主張の通り，いまだ

第 1 章　本研究の目的と概要

情報システム導入の目的をコストの削減としている企業が多いと考えられる*9．中小企業は，経営資源に乏しいとされることが多い．その反面，意思決定が早く，小回りが利くという点など，大企業よりも優れている点も存在している．この有利である点をさらに推し進めるためにも，情報システムは大きな役割を果たさなければならない．このように，中小企業が，持てる経営資源を有効に活用し，他社に対しての競争優位を得るためには，情報システムの高度活用が不可欠であるということができる．

情報システムの高度活用を対象とした先行研究においては，Brynjolfsson ［2004］や平野［2007］などをあげることができる*10．これらの研究は，導入した情報システムの効果を売上高などの財務的指標によって測定し，情報システムとその効果の関係性を定量的に調査することを目的としている．しかしながら，売上高などの財務的指標は企業の執り行うさまざまな施策，すなわち企業活動の成果として表れるため，情報システムを導入した結果として得られた効果が，直接的に売上高などの財務的指標に結び付いたかを判断するのは非常に難しい．

また，財務的指標によらない情報システムの高度活用の研究も存在しているが，Wiseman［1989］，松島［1999］などの高度活用の定義，分析枠組の提示が中心である*11，事例研究に大串＝松島［2007］，根来＝吉川［2006］などが散見されるのみである*12．財務的指標によらない研究では，情報システムを定性的に評価し，その高度活用の度合いを測定するものが主たる位置を占めている．つまり，財務的指標によらない情報システムの高度活用企業の実態調査は事例研究によるものに留まっており，情報システムを高度に活用している企業の個別の分析が中心となっている．このことから，多数の企業を対象として，情報システムの高度活用をしている企業の共通項を抽出した研究はほとんど存在しない．

我が国の企業数の大半を占める中小企業における情報システムの活用についての研究は，中小企業白書などの公開されている調査結果をもとにした研究と事例研究が中心であり，全国を対象とした大規模なアンケート調査はほとんどなされてはいない．公開されている調査結果をもとにした研究では，傾向を読み取ることは可能だが，個別のデータを使用することができないため，その分析には限界がある．事例研究では，個別の企業について深く分析することが可能となるが，分析対象となる事例の数には手法としての限界がある．そのため，結果を一般化して適用できるのかといった課題が残されている．

9

本研究では，アンケート調査を2回実施した．第1回のアンケート調査は2009年8月に全国4,500社の中小企業を対象として，調査票を郵送することにより実施した．第1回のアンケート調査は，全国4,500社の中小企業を対象としており，非常に大規模の調査である．回収率についても17.3%と比較的高い結果のアンケート調査である．さらに，第2回のアンケート調査は2010年10月に，第1回のアンケート調査で回答のあった778社を対象として，調査票を郵送することにより実施した．第2回のアンケート調査の回収率についても23.8%とかなり高い結果のアンケート調査である．
　これらの第1回，第2回のアンケート調査に分析枠組を適用し，統計的手法を用いて分析を行う．情報システムを高度活用するための仕組みに関しては，先行研究サーベイと事例研究を併用する．先行研究サーベイにより，本研究における情報システムの高度活用に必要な条件を設定する．さらには，情報システムの高度活用の条件をもとに情報システム活用の実態調査，理論構築の先行研究から，情報システムの高度活用をするための枠組を構築する．設定した情報システムの高度活用の条件と分析枠組をもとに，アンケート調査を用いて，主成分分析，クラスター分析，ロジスティック回帰分析を使用し，情報システムの高度活用の結果，生み出される効果との関係性について分析する．

第2節　本研究の構成，概要

　第1章では，本研究の目的と構成，概要について述べる．第2章では，先行研究サーベイを実施する．まず，第1節では本研究の研究対象である情報システムについて，ついで，第2節では情報システムの発展の歴史についてまとめる．情報システムは現在，多様な業務に活用されているため，例をあげつつ概説をする．情報システム発展の歴史では，ノーラン（Richard L. Nolan）の6段階の発展段階説，シノット（William R. Synott）のコンピュータ時代から情報時代への転換を例にとり，情報システムの活用方法が転換したことを明らかにする．また，情報システムには，時代により代表的な定義がなされてきた．その中でも，中心的な定義である MIS（Management Information System: 経営情報システム），DSS（Decision Support System: 意思決定支援システム），SIS（Strategic Information System: 戦略的情報システム）を例として概要をまとめた．続いて，第3節では本研究が対象とする中小企業の定義を行った．第4節では，中小企業における情報システムの活用についてまと

第 1 章 本研究の目的と概要

めた．中小企業は一般に，ヒト・モノ・カネなどの経営資源が乏しいとされている．そのような中で，第4の経営資源と呼ばれる情報を扱う情報システムを有効に活用することにより，不足しがちな経営資源を補うことが重要であることを論じた．また，本研究では分析の対象外としているが，近年，注目されているクラウド・コンピューティングについて，中小企業白書をもとに中小企業における活用状況，活用意識などについてまとめた．これにより，中小企業におけるクラウド・コンピューティングの活用実態の概況は掴めると考えられる．第5節では，情報システムの高度活用について，先行研究をまとめ，問題点を指摘し，それらをもとに情報システムの高度活用について定義付けを行った．さらに，情報システムの高度活用に関係する先行研究をまとめ，「情報戦略」，「戦略的活用」，「情報の活用」の3つに類型化した．

第3章では，先行研究サーベイから，情報システムを高度に活用するためには，PDCAサイクルの実施と情報の活用の高度活用マネジメントが必要であることを明らかにし，分析枠組を構築した．分析枠組をもとに，以下の8点の仮説を設定した．

・仮説1
　情報システムの高度活用企業は，情報システムの計画から導入，評価，改善のPDCAサイクルが実施できている．
・仮説2
　情報システムの高度活用企業は，情報システムによって収集，選定した情報を活用し，経営に役立てている．
・仮説3
　業務系システム導入の重視度をy軸，管理系システム導入の重視度をx軸として中小企業を分類すると下記の4つのクラスターに分類することができる．
　　第1クラスター：管理系システムの導入を重視している企業（x軸のプラス方向に分布）
　　第2クラスター：業務系システムを導入している企業（y軸のマイナス方向に分布）
　　第3クラスター：管理系システムを導入している企業（x軸のマイナス方向に分布）
　　第4クラスター：業務系システムの導入を重視している企業（y軸のプラス方向に分布）

・仮説4

情報システムの高度活用企業は，第1クラスター：管理系システムの導入を重視している企業と第4クラスター：業務系システムの導入を重視している企業に多く分布する．

・仮説5

情報システムの高度活用企業は，既に導入が進んでおり，更改による情報システムの導入が多い．

・仮説6

情報システムによって効果が出ている分野と該当の業種の主要業務で必要とされる効果が一致している．

・仮説7

情報システムの高度活用企業は，情報システムの評価を重視し，実施も行っている．

・仮説8

情報システムの高度活用企業は，情報システム導入の際の障壁が低い．

第4章は，情報システムを高度活用するために必要な条件と考えられる，PDCA サイクルの実施と情報の活用の実施を情報システムの高度活用マネジメントとして，分析枠組を構築した．さらに，情報システムの高度活用マネジメントを経済産業省の実施している「中小企業 IT 経営力大賞」の表彰企業に適用し，仮説1，仮説2の検証を行い，支持する結果を得た．

第5章では，第1回のアンケート調査である「中小企業における情報活用力と IT 化に関するアンケート調査」に対して，情報システムの高度活用マネジメントの分析枠組を適用した結果，情報システムの高度活用企業は，アンケート回答企業全体の778社のうち171社の22.0%であった．これらの情報システムの高度活用企業を対象に，クラスター分析を実施し，仮説3〜仮説5を検証した．その結果，仮説3の第1クラスターから第4クラスターまでに分布する企業の特徴に関しては，概ね仮説を支持する結果が得られた．仮説4，についても検証をし，仮説を支持する結果を得られた．仮説5については，概ね仮説を支持する結果となった．

第6章では，第2回のアンケート調査である「情報システムの活用・評価に関するアンケート調査」に対して，情報システムの高度活用マネジメントの分析枠組を適用した結果，情報システムの高度活用企業は，アンケート回答企業

第 1 章　本研究の目的と概要

全体の185社のうち40社，21.6％であった．これらの情報システムの高度活用企業を対象に，ロジスティック回帰分析を実施し，仮説 6 〜仮説 8 を検証した．その結果，仮説 6 に関しては，情報システムによる効果と非製造業の主要業務で必要とされる効果がある程度は一致している結果が得られた．仮説 7 に関しては仮説を支持する結果，仮説 8 に関してはある程度仮説を支持する結果となった．

　以上から，中小企業が情報システムの高度活用をするために，高度活用マネジメントである，PDCA サイクルの実施，情報の活用の実施が貢献することが明らかとなった．これらの仮説検証により，中小企業が情報システムの高度活用をするためには，自社の業務に適合した情報システムの導入計画を立案し，導入を進め，さらに評価を実施していくことが重要であると結論づけることができる．

図表1-1　本研究のフローチャート

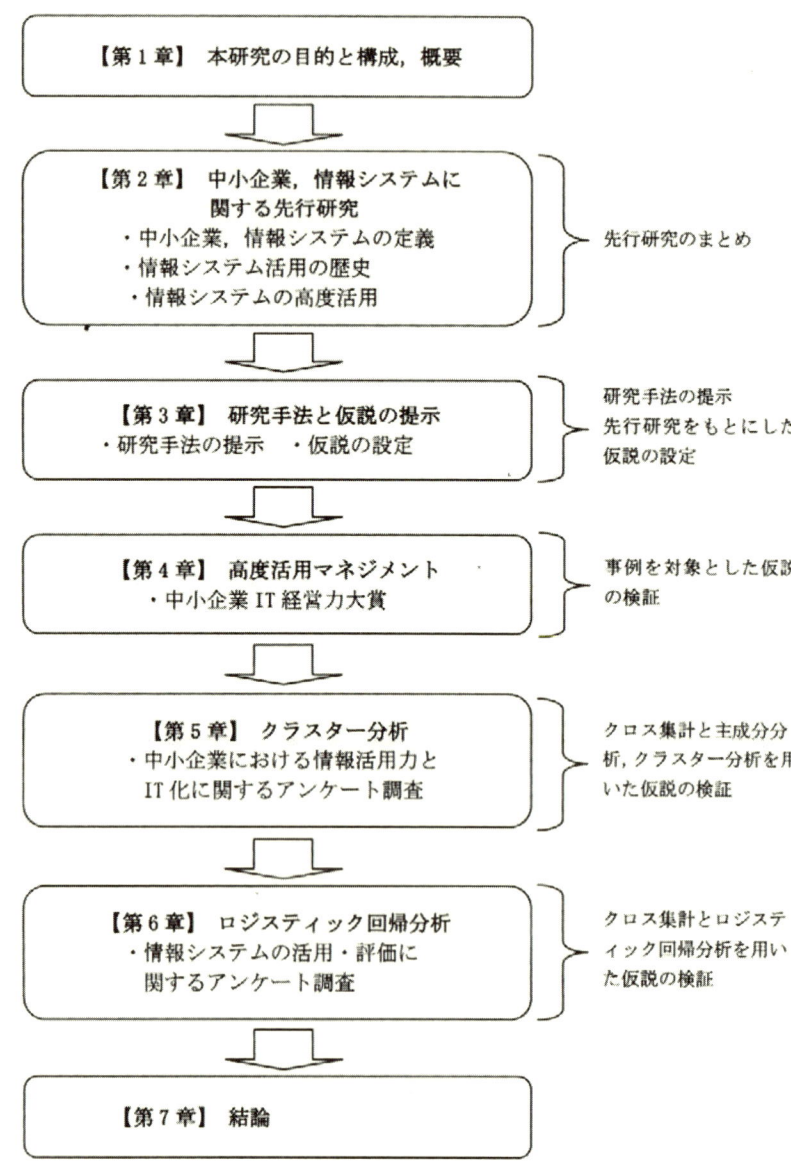

第2章
先行研究

第1節　情報システムの定義

　情報システムとは，Wiseman［1989］が，「組織がその目的を達成するのを助ける能力をもった，コンピュータをベースとしたシステムである*13」としている通り，さまざまな分野を対象に，コンピュータを活用することによって，組織，ひいては人間の行う作業を支援するシステムである．このように，情報システムは企業に限らず，官公庁，軍事など，あらゆる分野で活用されている．つまり，広義の情報システムは，コンピュータを活用したシステム全般を含んでいる．

　本書では，企業活動を支援するコンピュータを活用したシステムといった経営分野に限定した，狭義での情報システムを研究の対象としている．狭義の情報システムの定義としては，以下のものをあげることができる．平本［2007］は，「情報システムは，今日の企業経営にとって欠かすことのできない経営資源である情報を，効果的に収集・加工し，企業行動に迅速に反映させるシステムである*14」と定義している．また，遠山＝村田＝岸［2008］は，情報の処理・創造・交換・蓄積などによって展開される人々の間の相互作用を情報的相互作用といい，これを支援するメカニズムを情報システムというと定義している*15．すなわち，狭義の情報システムとは，企業活動を通じて得られた情報を活用することを支援する仕組みを持っている．これらの仕組みが機能することにより，コスト削減や効率化，新規顧客の開拓といった効果が表れることになる．

　以上のように，経営分野に限定した狭義の情報システムであっても，その対象となる業務は多岐にわたる．対象となる業務は，情報システムの適用分野により，一般に業務系システムと管理系システムの2つに分けることができる．

図表2-1　代表的な情報システム

業務系システム	（1）資材・部品の調達 （2）在庫管理・物流 （3）生産管理（進捗管理） （4）品質管理 （5）販売管理
管理系システム	（6）顧客管理・サポート （7）経営戦略決定（企画立案） （8）管理会計 （9）人的資源管理 （10）財務管理 （11）社内情報共有 （12）知的財産管理（特許等）

（出所）筆者作成

　業務系システムは，生産や調達など，企業活動を行う上で中心となる業務を扱う情報システムである．それに対し，管理系システムは企業を管理する上で必要となる，社内情報を管理する情報システムである．代表的な情報システムの対象業務の例は図表2-1の通りである．図表2-1に代表される業務の他にも導入している企業により，さまざまな名称で多様な業務に情報システムは活用されている．本書では，中小企業の情報システムを研究対象としていることから，狭義の情報システムである，経営分野に限定したものを情報システムとして，論を進める．ここで，本書における情報システムは，「企業の経営に必要となる情報を蓄積，加工し，活用するためのコンピュータを使用したシステム」とする．複数の要素が組み合わさったものがシステムであることから，コンピュータ単体で使用することのできるインターネットやメール，Microsoft Officeなどのソフトウェアの利用は分析の対象としない．

第2節　情報システム発展の歴史

　情報システムが企業や官公庁に導入されてから，既に50年以上が経過している．アメリカでは1952年に CBS に導入され，大統領選挙の予測に使われたのが最初である．日本においては，1959年に気象庁の天気予報に導入されたのが最初である．民間では，同じ年の1959年に小野田セメントの会計処理に用いられたのが初めての事例となる*16．これらの初期の情報システムの導入を端緒として，情報システムは導入する対象を拡大させてきた．

第2章　先行研究

　情報システムを導入する目的として，Wiseman［1989］は，「コンピュータを適用する組織の狙いは，①基本的なプロセス（サブプロセス，もしくは課業）を自動化すること，もしくは②意思決定のための情報を得ること，のどちらかである＊17」としている．しかしながら，現在では，情報システムを導入する目的はWisemanの提唱した2点から，さらに拡がりをみせている．むしろ，情報システムを導入することによる自動化，省力化や意思決定の支援といった活用からは，コモディティ化によって優位性を得ることは難しい状況となっているため，新規事業の開拓や顧客分析などに活用する比重が高まりつつある．

　このように，情報システムが経営に活用される中で，Nolan［1979］は，「経営情報システムは，当然その時代の経営環境，経営の実態，利用可能な情報技術などを反映して変化し，発展する＊18」と経営と情報技術との関係を述べている．Nolanの発展段階説は，当初では，創始期，拡張（波及）期，公式化（統制）期，成熟（統合）期の4段階を想定していたが，後に6段階へと修正されている．これは，1970年代に唱えられたものであるが，その基本的な考え方の意義は現在でも失われてはいない．Nolanの6段階の発展段階説は図表2-2の通りである．

　第Ⅰ期から第Ⅵ期の中で，第Ⅲ期から第Ⅳ期にかけては転換期であり，それ以前がデータ処理の時代，それ以後が情報技術（IT）の時代と考えられている＊19．また，Synott［1988］はコンピュータ時代（computer era）から情報時代（information era）への転換を説いている．Synottによると，「第1世代のシステムは専ら企業内の内部処理を自動化することに関わるものであった．これをOSS（Operations Support System: 運営支援システム）と呼ぶ．第2世代のシステムは経営上の情報ニーズを支援することを目的としていた．これをMSS（Management Support System: 経営支援システム）と呼ぶ．現世代のシステムは顧客に焦点を当てている．これをCSS（Customer Support System: 顧客支援システム）と呼ぶ．当然のことながら，各世代に若干の重なりはある．世代の違いは単にシステムの型の違いを表すものではない．計画方法，開発ツール，関係するスタッフ，利用する方法論なども皆，違ってくる＊20」としている．

　Synottの定義も1980年代に唱えられたものであり，OSSやMSS，CSSといった独自の定義がなされているが，各定義で行っている業務に着目することで，情報システムの世代の転換を理解できると考えられる．Nolanの発展段

17

図表2-2 ノーランの6段階の発展段階説

I	創始期	コンピュータを使った情報システムを導入する初期段階で，データ処理を通じて事務の効率の向上を目指す段階．投資した企業と投資しない企業では明確な差異が生じる．
II	波及期	導入期に事務の効率化に成功し，企業は次々とコンピュータ・システムの導入を図り，コンピュータの仕様が次第に増加していく時期．
III	統制期	組織のいろいろな部門で独立してコンピュータ・システムが導入された結果，コンピュータのハードウェアにもソフトウェアにも部門間の相互関係で不都合が生じ，システムに統制を設けないとうまく処理できない事態の発生する段階．
IV	統合期	以上の3つの段階は，データ処理（Data Processing）の段階ということができるが，この統合期はそれまでの技術の単なる延長戦上にはなく，新しい情報技術の導入がないと脱皮できない段階．情報システムのとらえ方が，情報処理志向の情報処理システムの段階から経営志向システムに転換していく．
V	データ管理期	組織全体としての情報システム構築の考え方が広まり，データ管理者がデータとシステムとの共有を図ることにより，組織全体でアプリケーションの横断的利用が行われる．
VI	成熟期	データ資源を活用して戦略的なシステムを構築する時期である．組織は情報資源管理を行う管理部門がアプリケーションの統合を図り，情報資源を個別のアプリケーションに生かしていくことを中心にシステム構築を行う．

（出所）Nolan［1979］ pp.115-126.，宮川［2004］16〜18頁，をもとに筆者作成

階説，Synott の世代転換は，ともに実際の情報システムの発展をそのまま表したものではない．しかしながら，情報システムが導入された当初から，現在に至るまでの導入の目的，方向性を理解するための一助となる．

このように，導入する対象を伸展させてきた情報システムは，その時代により代表的な概念が提唱されていた．その例が，MIS（Management Information System: 経営情報システム），DSS（Decision Support System: 意思決定支援システム），SIS（Strategic Information System: 戦略的情報システム）である．この他にもさまざまな情報システムの概念の提唱がなされていたが，代表的な概念はこれらの3つに集約される．以下，それぞれの概念を略称である MIS，DSS，SIS とする．また，「情報システムの変遷は，MIS の終焉，SIS の終焉などのように一時代が終わり次の時代に移り変わるように考えられがちである．しかし，表面的には従来の概念を否定しているように見え

第2章 先行研究

ても，実際には前の時代の遺産を受け継ぎながら，次の時代の新たな情報システムを構築してきたのが，情報システム発展の歴史ではないだろうか．情報システムの時代区分や概念規定は必ずしも明確ではなく，単に，その時期の主導的な情報システム概念であったにすぎないだろう*21」と松島［1999］が述べている通り，それぞれの概念の間に明確な境界線がある訳ではなく，その時代を代表する情報システムの概念であるということができる．MIS から DSS，SIS に至るまでの時代的変遷を図示すると，図表2-3の通りである．

図表2-3 企業情報システム概念の時代的変遷

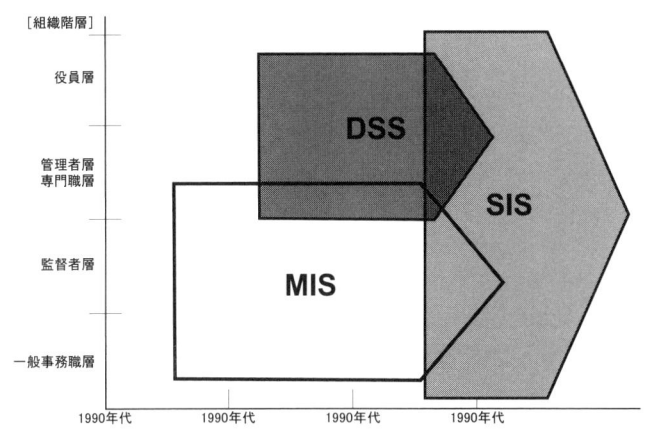

（出所）島田＝海老澤［1989］68頁，をもとに筆者作成

1．MIS（Management Information System: 経営情報システム）

MIS は，工藤市兵衛［1988］らの定義によると「マネジメントへの情報提供を重要な目的にしたシステム*22」である．この定義の通り，MIS は，経営者や管理者が，経営における意思決定に必要な情報を提供するために提唱された概念である．MIS 以後には，さまざまな情報システムの概念が提唱されるようになったことからも分かるように，その概念の成立は，情報システムが企業や官公庁に導入され始めた頃にまでさかのぼる．MIS に関する議論は，まず1960年頃からアメリカで盛んになり，我が国へは，1967年秋に派遣された訪米 MIS 使節団が翌年に出した報告書がきっかけとなり，MIS が導入され，ブ

19

ームとなったと工藤［1988］らは報告している*23．このように，会計処理などのデータ処理を目的として導入された情報システムが，導入されてからそれほど長い期間をかけずに，経営者や管理者の意思決定を支援するような役割を期待されるようになったことが分かる．MIS に期待された機能として，遠山［1998］は以下の2点をあげている*24．

①各利用者の業務や管理の支援にとどまらず，組織全体として調整およびコントロールする機能の支援．
②単に情報処理のみならず，各業務や管理の可能な限りの自動化・統合化の実現．

MIS を活用することによって，期待される役割である「機能的サブ・システムで使用されるデータ処理を全社的に統合し，必要な情報を必要に応じて必要な形態で必要とする管理者層に提供する情報システム*25」が実現されると遠山＝村田＝岸［2008］は報告している．これらの情報の提供，効率化といった目的が，初期の情報システムの活用目的であるデータ処理に続いて表れるようになってきた．MIS を技術的な側面から見ると，「定型的なトランザクション処理を行い，決まった形式の帳票に発行することを主要な目的とする*26」情報システムであると Wiseman［1989］はしている．使用されている技術を検討してみると，MIS は期待されていたような役割を最低限，果たせていたのではないかと考えられる．その理由として，データを情報システムにインプットし，意思決定を支援するための情報をアウトプットするといった一連の作業は，当時の技術でも実行可能と推測されるからである．

しかしながら，意思決定を支援するための情報を MIS によってアウトプットするだけでは，その効果には限界がある．意思決定は MIS によるものではなく，MIS から情報を得た管理者層によって行われるからである．Wiseman［1989］が，「新しいコンピュータ技術を，手作業を自動化し，組織の費用負担を軽減するためのみ利用することで足りるような環境条件であったときには，MIS でも充分であった*27」とするように，人間の代わりに MIS が情報を処理するといった効率化を目的としている限りでは問題なく活用される．MIS は「戦略的計画，マネジメント・コントロール，オペレーショナル・コントロールにおける諸意思決定に必要な情報をタイムリーに提供し，かつ定型的なトランザクション処理を適切に行おうとするもの*28」であったが，「1960年代

第2章　先行研究

後半から70年代前半にかけて，MIS は経営者や管理者の情報要求を満たすシステムになっていなかったのではないかという疑問が提出されるようになってきた[*29]」といった問題が宮川 [2004] によって提起されるようになった．遠山 [1998] は，これらの問題を MIS の限界として，3点にまとめている[*30].

① プログラム化できる定型的な意思決定や判断において必要となる情報以外はあらかじめ貯蔵しておくことはできない．
② データベースから情報要求に対してリアルタイムな応答の必要性は，現場レベルにおいてこそ必要であるが，トップ階層レベルの決定や判断においては必要がなく，たとえそのような機能が付与されても，トップ階層の決定や判断の質的向上は望めない．
③ オンライン・リアルタイム処理と全社的データベースを支える技術基盤自体の限界がある．

以上のように，MIS には技術的な限界が明らかに存在していた．これは，当時の技術的な限界により，期待されているような役割を MIS が果たすことができなかったともいうことができる．MIS の果たした役割は，遠山＝村田＝岸 [2008] による「管理活動に直接的に貢献するものではなく，その前段階の情報処理活動に貢献することによって，管理活動に間接的に貢献するものであった[*31]」といった程度の評価に留まったと推測される．しかしながら，遠山 [1998] が「MIS の発想が，全て失敗であったと評価することはできない．データの統合化による実績報告志向の情報システムとして，一定の評価を得ることになる[*32]」としている通り，出力した情報により，意思決定を支援するといった役割をある程度は果たすことができたと考えることができる．

2．DSS（Decision Support System: 意思決定支援システム）

MIS の後に提唱されたのが DSS である．「DSS は，意思決定と情報処理を概念的にも実体的に区別することなく，意思決定プロセスそのものを情報処理の次元から支援するシステムである[*33]」と遠山 [1998] は定義している．定義からも明らかなように，DSS は MIS をもととして，その概念を発展させ，意思決定を支援することを主眼としたものである．「DSS は，経営における意思決定に必要な情報を提供することを目的として開発されたシステムであり，

まさに MIS の思考にもとづいたシステムといえる*34」と工藤［1988］も表している．

1970年代の後半から，DSS が MIS に代わって注目されるようになった背景として，工藤［1988］は以下の3点を挙げている*35．

①企業環境の変化に伴い，経営活動も複雑化・多様化し，これに必要な情報が質量ともに増大したこと．
②経営活動の内容が十分に検討され，経営に本当に役立つ情報システムとはどのようなものかが，正しく認識されるようになったこと．
③データベース，ネットワーク技術などのコンピュータ利用技術が進歩し，人間とコンピュータとのインタラクティブなシステム構築が可能になったこと．

このように，経営活動の複雑化・多様化による情報が増大し，質量ともに増した情報から経営活動に必要な情報を峻別することが求められるようになった．そのためには，コンピュータに関連する技術が進歩し，迅速に情報が処理できなければならない．つまり，DSS は，情報システムを利用する側の認識の変化と情報システムを構成する技術の進歩により具体化した概念であるということができる．また，MIS の時代と比較して，情報システムは企業に活用されることが多くなった．企業に導入されている情報システムの全てが DSS なのではなく，さまざまに導入された情報システムのうちの1つが意思決定を支援するための情報システムであり，DSS となるのである．これは，遠山［1998］が報告している通り，「DSS は，企業情報システムを構成するサブ・システムあるいは1つのカテゴリといった位置づけ*36」となる．

DSS は，その名の通り，意思決定を支援することに主眼を置いたシステムである．DSS による意思決定の支援について，杉原＝菅原＝上山［1997］は，「意思決定における情報活用を考えると，DSS は経営の階層や意思決定の構造の全領域における意思決定を支援するという一般化した定義づけを行うことも可能となる*37」と定義している．同様に，工藤［1988］は，「DSS は，意思決定者とコンピュータ・システムの相互作用により，彼らの行う意思決定を支援し，意思決定能力を高めることを狙いとしたシステムである*38」としている．これらの定義を宮川［2004］は DSS の主な特徴として，以下の3点に整理している*39．

第2章　先行研究

①定型的な問題の解決
②決定過程の支援
③意思決定の効果重視

次に，DSS に求められる具体的な要件について検討をする．具体的な要件とは，主な特徴である3点を実現するために必要な条件，機能である．宮川［2004］は図表2-4の通り，条件，機能のそれぞれについて4点ずつをあげている*40．DSS は企業活動における意思決定の大きな割合を対象として活用することができる．そのような意味からも，DSS は MIS と比較して評価がなされている．このことは，遠山＝村田＝岸［2008］も「企業における実際の意思決定のほとんどが，DSS が対象とする準構造的意思決定として認識できることから，DSS は経営情報システムのあるべき姿として評価されている*41」としている．

図表2-4　DSSの条件，機能

DSSの条件	①柔軟性（Flexibility）と適応性（Adaptability）	意思決定者の学習に伴って問題の構造の認識が変化したときに，これに柔軟に適応できるシステムであること．
	②使いやすさ（Ease of Use）	情報システムの専門家でなくても分かりやすく使いやすいシステムであること．
	③データ管理機能（Data Manageability）	特定の問題解決に必要な多様なデータを統合的に管理するデータベース機能，外部のデータベースとのデータ交換をするためのインターフェース機能が必要である．
	④モデル分析機能（Model Analyzability）	保有するデータによって問題を適切にモデル化し，これに対して以下に述べるようなシミュレーション（Simulation）分析，予測を実施する必要がある．
DSSの機能	①最適化（Optimization）	目的関数の値を最大化または最小化する独立変数または操作変数の値を求めること．
	②ホワットイフ（What-If）分析	仮定あるいは前提条件が変わった場合に結果がどう変わるかを実験すること．
	③ゴールシーキング（Goal-Seeking）分析	モデルの目標値を所与として，これを実現する独立変数または操作変数の値を求めること．
	④感度分析（sensitivity）	独立変数（操作変数）や環境変数（外生変数）の値が1単位変化すると，それによって目標値が何単位変化するかを分析すること．

（出所）宮川［2004］136～137頁，をもとに筆者作成

しかしながら，DSS にも問題がない訳ではない．遠山＝村田＝岸［2008］が「意思決定者の主体性を重視する DSS は，意思決定者の能力に依存する部分が大きく，意思決定者の能力いかんによっては，適切な意思決定モデルを展開することが困難になる[42]」と報告している通り，DSS は，意思決定者の能力に依存する側面が大きい．DSS は，あくまで意思決定者による意思決定を支援するための情報システムとして存在している．自らの役割を支援と定義したところに，DSS の限界があるということができる．

3．SIS（Strategic Information System：戦略的情報システム）

DSS の次に提唱された概念が SIS である．SIS の概念としては，遠山［1998］の示すように，「経営戦略を所与とすることなく，経営戦略の策定段階においてヒト，モノ，カネとともに情報を第4の経営資源と認識して，情報システムを構築する考え方である[43]」であり，MIS や DSS と同様に，情報の活用を目的とした情報システムである．しかしながら，企業活動において SIS の担う役割は，MIS や DSS と比較して，圧倒的に幅広くなっている．そのことから，SIS を構築するためには，MIS や DSS を構築した方法論とは異なったものが必要となる．遠山［1998］は，その方法論を「SIS の設計方法は，他のMIS や DSS といった情報システムの設計方法論とは異なり，経営戦略の策定を所与とするのではなく，経営戦略の策定と情報システム構築計画や情報戦略の策定とを統合あるいは連動したアプローチとなる[44]」と報告している．

この方法論の基底となっているのは，杉原＝菅原＝上山［1997］のいう「情報システムを企業内における業務の効率化と管理の武器として，より一歩進んだ戦略の策定と情報システムそのものを企業戦略の直接的な武器としようとする[45]」考え方である．そのことからも，SIS は企業活動を行う上で競争優位を得るために積極的に活用されなければならない．それは，Wiseman［1989］が「SIS の主要な用途は，企業競争戦略，すなわち自社の競争優位の獲得や維持あるいは他社の優位の削減のためのプラニングを，支援もしくは形成することである[46]」としていることからも明らかである．島田＝海老澤［1989］も同様に「SIS とは，組織の戦略行動を支援し，かつ促進するために，競争力優位に作用する情報処理技術ならびに情報の流れに関する仕組みを，組織内のみならず組織間において総合的，統合的，有機的に組み合わせ展開する，戦略機会生成のための情報システムである[47]」と競争優位を獲得するために，SIS

を活用することを主張している．

　MIS に続いて DSS の概念が提唱された際にも，コンピュータに関する技術の進歩が大きな役割を果たした．同様にして，SIS の概念が成立する際にも，コンピュータに関する技術への要求は，大幅に高まった．SIS を構築するために必要となるコンピュータに関する技術として，杉原＝菅原＝上山［1997］は，「SIS にはネットワークを基本構成とする大規模な情報システム環境が必要である」ことから「かなり大きな情報化への投資が必要である[*48]」としている．

　MIS や DSS と比較して大規模な情報システムとなった SIS を導入するためには，投資の負担も重くなる傾向がある．そのためにも，情報システムに対する場当たり的な投資ではなく，企業の計画に則った投資が重要となる．情報システムに対する投資額が大きくなることから，決定には経営層の関与が必要となると考えられる．この２点を宮川［2004］は，SIS の導入に際して特に考慮しておかなければならない側面として以下に整理している[*49]．

①競争戦略と情報システム・プランの統合
　SIS の開発においては，情報システム・プラン（Information System Plan）と競争戦略（Competitive Strategy）の開発を適切に結び付けていかなければならない．SIS の機会を探し出していくという作業は，競争戦略の開発プロジェクトと一体化する形で進められていかねばならない．

②情報統括役員の必要性
　情報システム・プランと競争戦略を結合して行くには，情報技術の利用に関する知識を有し，その知識を運用することについてのスタッフ責任を負う経営幹部の存在が欠かせない．このような経営幹部のことを CIO（Chief Information Officer:情報統括責任者）という．それは，競争戦略のために情報技術を利用することに関して事業グループと技術グループ間の意見調整に責任を持ち．最終的な決定に参画できる経営幹部のことをいうのである．

　これまでに提唱されてきた DSS などが企業の保有する情報システムのサブ・システムの１つといった扱いであったのに対し，SIS は，全社的な取り組みが必要となるほど，情報システムとしての規模が拡大している．そのことから，綿密な計画とそれを実行するリーダシップが必要とされるのである．
　Synott［1988］は，SIS を導入した企業のうち，成功している企業について，

「単にコンピュータを使用しているのではなく，従来の生産性向上ツール以上の使い方をしている．競争上優位に立つための戦略システムを構築しているのである*50」と報告している．そして，SIS を構築する条件として，以下の4点をあげている*51．

①経営管理者および現場の管理職が情報武器のビジョンを共有すること．
②各事業単位の使命と戦略を理解するために，全社的戦略経営計画立案作業に参画すること．
③企業の情報資源アーキテクチャ，基盤，支援機能に関する知識．
④戦略システムを研究し，狙いを定め，開発する戦略的取り組み．

これらの4点の条件からも分かる通り，SIS の構築には，戦略にもとづいた計画とそれを実現するための情報システムに関わる技術の両方が必要となる．SIS は，MIS や DSS と比較して，全社的な対応が求められるようになった．それにも関わらず，経営資源を大規模に注ぎ込むことになった SIS に関しても，当初の目的であった持続的な競争優位が得られたという評価はなされてはいない．遠山＝村田＝岸［2008］の報告する通り，「SIS の成功事例の多くは，結局，いかにしてオペレーション効率を上げるかというものであり，現在，これは一時的な競争優位の源泉になっても，持続的な競争優位の源泉にはなりえないと考えられるようになっている．競争戦略論においては，情報通信技術による情報処理は標準化を伴い，模倣が容易であるため，持続的な競争優位の源泉になることはないと説明されている*52」といった評価が一般的である．

以上のように，MIS から DSS，SIS に至るまでの代表的な情報システムの概念と評価について概観をまとめた．情報システムが導入された当初は，データ処理などを担っていたものが，次第に意思決定などの重要な役割を期待されるようになってきたことを理解することができる．だが，その評価としては，期待された役割を充分に果たしたとはいい難いものとなっている．また，SIS を最後に，広く認知されている情報システムの概念は提唱されていない．研究者により，他のいくつかの概念を例示する場合もあるが，情報システムの主要な概念となると，MIS，DSS，SIS の3つに集約される．SIS 以降に概念が登場しない理由として，遠山＝村田＝岸［2008］は「情報通信技術を中心とした経営情報システムの領域で，固有の斬新な概念が，SIS 以降は登場していないということである．このことは，経営情報システムと情報通信技術を自己完結

第2章　先行研究

的に研究し，実践していくことの限界を意味していると考えることができる*53」としている．

このように，情報システムについて分析をするためには，情報システムを構築する際に必要となるコンピュータに関する技術，情報システムを活用するための経営戦略のどちらの面からも研究を進めなければならないと考えられる．

第3節　中小企業の定義

現在では，さまざまな規模の企業が存在しており，その中で中小企業とは，大企業との相対的な概念として存在している．中小企業は相対的な概念として存在しているが，中小企業法によって，法的にはその範囲が明確に定義されている．ここで，中小企業とは，中小企業基本法第2条第1項の規定にもとづく「中小企業者」をいう．また，小規模企業・零細企業とは，同条第5項の規定にもとづく「小規模企業者」をいう．具体的には，おおむね図表2-5に該当する企業を指す*54．

図表2-5　中小企業の分類

業　種	中小企業者 （下記のいずれかを満たすこと）		うち 小規模企業者
	資本金	常時雇用する 従業員	常時雇用する 従業員
①製造業・建設業・運輸業 　その他の業種（②〜④を除く）	3億円以下	300人以下	20人以下
②卸売業	1億円以下	100人以下	5人以下
③サービス業	5,000万円以下	100人以下	5人以下
④小売業	5,000万円以下	50人以下	5人以下

（出所）中小企業白書［2012］　凡例10頁，をもとに筆者作成

中小企業白書［2011］によると，図表2-6の通り，中小企業の数は，2009年には，約420.1万社と我が国の企業数の99.7%を占めている．中でも小規模企業は，約366.5万社と企業数の87.0%であり，小規模企業が非常に多いことが分かる．続いて，中小企業の従業者数は図表2-7の通りであり，約2,834万人で日本での雇用の66.0%である．このように中小企業は，大企業と比較して，規模は小さいものの，全体としては，日本における企業数，従業者数の両方において多くの割合を占めている存在であることが分かる*55．図表2-8は，業種別の中小企業の企業数の割合を示したものである．業種別の企業数の割合を企

27

業全体と中小企業で比較すると，企業数の割合に差異はほとんどない．さらに業種を見てみると，卸売業では小規模企業の割合が69％，運輸業では76％と低く，建設業では小規模企業の割合が96％と高いことが分かる＊56．

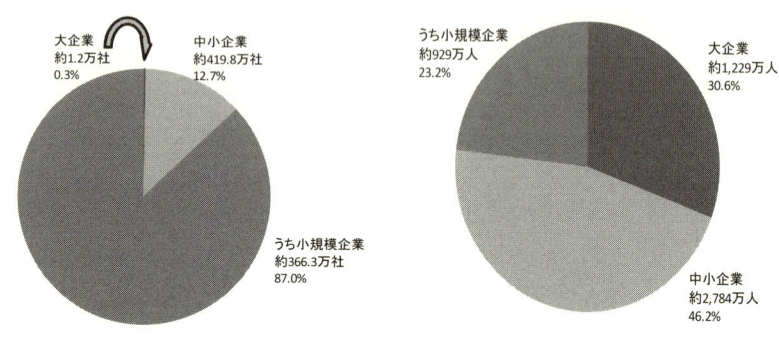

図表2-6　中小企業の企業数　　　　図表2-7　中小企業の従業者数

（出所）中小企業白書［2011］58頁，をもとに筆者作成

図表2-8　業種別の中小企業の企業数の割合

	卸売業	運輸業	建設業	製造業	小売業	その他サービス業等	飲食店・宿泊業
大企業	1％	0％	0％	0％	0％	0％	0％
中企業	30％	24％	4％	12％	14％	12％	11％
小規模企業	69％	76％	96％	88％	86％	87％	88％
合計	100％	100％	100％	100％	100％	99％	99％

（出所）中小企業白書［2011］60頁，をもとに筆者作成

図表2-9　業種別の中小企業の従業者数の割合

	卸売業	運輸業	建設業	製造業	小売業	その他サービス業等	飲食店・宿泊業
大企業	30％	28％	12％	37％	35％	31％	21％
中企業	59％	61％	33％	44％	42％	48％	44％
小規模企業	10％	11％	55％	18％	23％	21％	35％
合計	99％	100％	100％	99％	100％	100％	100％

（出所）中小企業白書［2011］61頁，をもとに筆者作成

図表2-9は，業種別の中小企業の従業者数の割合を示したものである．従業

員数では，企業が全体の30.6％，中小企業が69.4％となっており，そのうち，小規模企業は23.2％を占めている．業種を見てみると，建設業では，大企業の割合が12％と低く，小規模企業の割合が55％と高くなっている．卸売業や運輸業では，小規模企業の割合が，それぞれ10％，11％と低い．以上のように，従業者数で見てみると，企業数の割合とは異なり，大企業の従業者数の占める割合が多いことを読み取ることができる*57．

図表2-10　中小企業の数（1986～2006）

業種	増減率
建設業	▲7.3％
製造業	▲41.3％
卸売業	▲28.5％
小売業	▲39.3％
運輸通信業	15.8％
不動産業	20.4％
金融保険業	▲2.7％
サービス業	▲9.6％
その他	▲44.9％

▲はマイナスを表す
（出所）中小企業白書［2011］97頁，をもとに筆者作成

　図表2-10は，1986年から2006年の中小企業の増減を示したものである．運輸通信業，不動産業を除いて，全ての業種で中小企業は減少していることが分かる．特に，製造業，小売業ではそれぞれ，41.3％，39.3％と大幅に減少している．製造業や小売業は中小企業を代表する業種だが，その2つの業種での減少が大きい．これには，不況を中心として，製造業では，アジア諸国での現地生産の促進，小売業では，大規模店の進出などが要因として考えられる*58．

　一般に中小企業は大企業と比較して，ヒト・モノ・カネといった経営資源が乏しいとされている．その反面，小規模であることが有利に働くこともある．清成＝田中＝港［1996］は，中小企業には以下のような特徴があり，不利な点も存在しているが，別の面では，有利な点も存在していることが分かる*59．

①企業家がより強いリーダシップを発揮する可能性が高い．
②当該業種では支配的な市場シェアを有しないもの．
③中小企業が保有する経営資源は，大企業と比較してその絶対量でもその範囲においても限定されている．

　この有利な点について百瀬＝伊藤［1996］，渡辺＝小川＝黒瀬＝向山［2001］などは，中小企業は組織が小さいことから，その意思決定の迅速さ，組織としての機動力が優れていると評価している*60．この中小企業の有利な点である，

経営全般に関するスピード感をさらに強化するために必要となるのが情報システムである。そこで，清成＝田中＝港［1996］が，中小企業は大企業に比較して環境変化の影響をより直接的に受けやすいため，迅速な情報把握と的確な情報処理とが中小企業にとって重要であるとしているように，中小企業であるからこそ，環境の変化に迅速に対応するために，情報システムを積極的かつ有効に活用しなければならなくなり，情報システムを戦略的に活用する必要があると考えられる*61。

第4節　中小企業における情報システムの活用

中小企業における情報システムの活用は，大企業と比較して遅れていると，概して考えられている。その理由としては，中小企業は大企業と比較して，人的資源である情報システムに精通した社員，資金的資源である情報システムに割り当てる予算が少ないといったことを挙げることができる。しかしながら，保有している経営資源が少ないからといって，中小企業の情報システムが，大企業に後れを取っていて良い訳ではない。むしろ，経営資源の乏しい中小企業であるからこそ，情報システムを有効に活用しなければならないのである。百瀬＝伊藤［1996］は，「情報化への対応は，業務の省力化・合理化などに寄与する一方，企業内での新たな能力開発の必要性が求められるようになる。それは組織分化が大企業ほど進んでいない中小企業にとって，重要な意味を持つ」としている*62。このように，中小企業において，情報システムの活用は大きな経営課題であると考えられる。

それにも関わらず，現状としては，中小企業の情報システムの活用は，いまだ発展途上である。Hagmann=Mccahon［1993］は，「多くの中小企業の情報システム導入目的は，基本的にはコスト（削減）にあると言える*63」と報告している。Levy=Powell［1998］は，「中小企業では，情報システムの導入目的をコストカットとしている企業が多い*64」と結論付けている。このように，中小企業における情報システムの導入目的は，コスト削減，効率化といった内容が中心となっている。そこで，コスト削減や効率化以上の効果を得るために，中小企業が情報システムを導入する際に行うべきなのは，百瀬＝伊藤［1996］の通り，「中小企業が情報化を進めるにあたっては，自社をとりまく経営環境，企業の内部環境などの現状分析を行い，まず，自社の進むべき方向と到達点を明確にしていくことが必要*65」であると考えられる。方向と到達点を明確に

することにより，現状との乖離状況を明らかにすることができる．それからのフィードバックが，情報システムの改善に繋がる．このようにして，情報システムのチェックと改善をする必要があると考えられる．

ここでは，中小企業の情報システムの導入状況について，2008年版の中小企業白書をもとに検討する．中小企業における各業務の情報システムの導入状況は，図表2-11の通りである．全般的に中小企業は，大企業と比較して，情報システムの導入割合が低い．しかし，財務・会計システムは大企業の95.3%に対して82.9%，人事・給与管理システムは91.5%に対して77.8%，販売システム

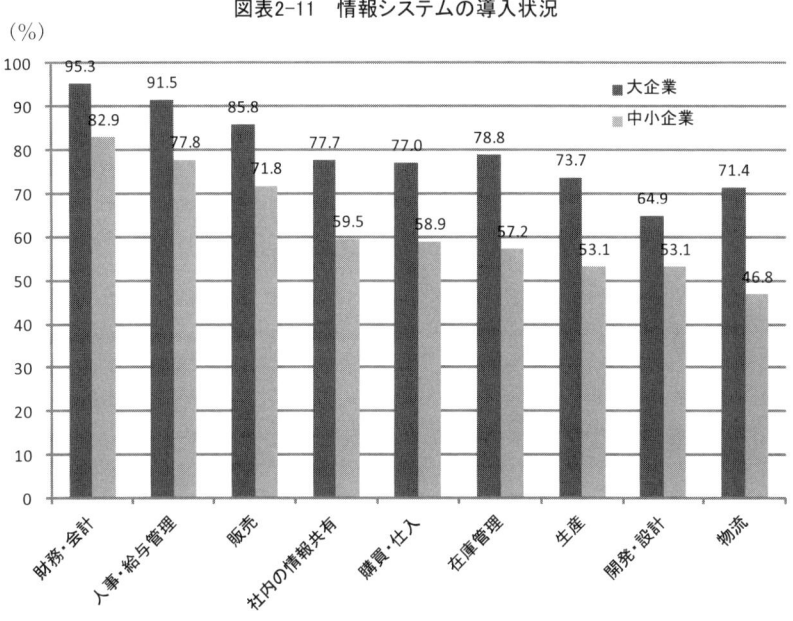

図表2-11　情報システムの導入状況

（出所）中小企業白書［2008］83頁，をもとに筆者作成

は85.8%に対して71.8%と，かなり高い割合で情報システムが導入されている．このことから，中小企業においても，何らかの業務に対する情報システムの導入は，一般的になっているということができる＊66．

中小企業においても導入している割合の高い，財務・会計システム，人事・給与管理システム，販売システムを除くと，導入している情報システムの割合が減少し，大企業に導入割合で大きく差をつけられている．財務・会計システ

ム，人事・給与管理システム，販売システムなどの管理的側面を持った情報システムと比較して，企業が独自性を明確に表すような業務への情報システムの導入は，中小企業では概して進んでいないということができる．

次に，中小企業における情報システムに関わる新技術の活用について議論をする．情報システムにはコンピュータに関わるさまざまな技術が活用され，進化をしてきた．これまでの情報システムに関わる技術では，ハードウェア，ソフトウェアといった情報システムに関係する資産を導入する企業が全て所有していた．それに対し，近年，耳にする機会の増えたクラウド・コンピューティングなどでは，インターネットを通じたサービスとして提供される．その形態により提供するサービスの対象が異なるが，提供される側，すなわちサービスの利用者は，ハードウェア，ソフトウェアといった情報システムに関わる資産を所有しなくても済むようになるため，メリットが大きいとされている．特に，資金や技術の面で大企業に劣る中小企業からは大きく注目されているサービスである．その半面，企業で扱うデータなどを，サービスを提供する企業が保持することになるため，セキュリティなどの面を危ぶむ声も存在している．

クラウド・コンピューティングを導入することによるメリット，デメリットが存在しているが，今後，中小企業にとって情報システムを導入する際の選択肢の1つになることは間違いない．しかし，本書では，情報システムの活用に焦点をあてたため，クラウド・コンピューティングの活用に焦点を当てた分析は行わない．焦点を当てた分析は実施しないが，中小企業の情報システムの活用にとってクラウド・コンピューティングは大きな変化であることから，中小企業白書をもとに，中小企業におけるクラウド・コンピューティングの現状についての概観を実施する．

中小企業における SaaS・ASP の利用状況は図表2-12の通りである．SaaS

図表2-12　SaaS・ASPの利用状況

従業員数	利用している	今後の利用を検討している	利用の検討はしていないが関心がある	利用は考えていない	わからない・知らない
20人以下	7.6%	2.8%	6.0%	35.7%	47.8%
21人〜50人	12.6%	3.1%	10.8%	39.1%	34.4%
51人〜100人	14.2%	4.2%	13.9%	37.9%	29.8%
101人〜300人	18.4%	5.2%	14.1%	38.8%	23.6%
301人以上	24.5%	6.3%	12.3%	40.0%	17.0%

（出所）中小企業白書［2011］102頁，をもとに筆者作成

（サース：Software as a Service）は，クラウド・コンピューティングの一形態であり，行っていることは ASP と大きくは変わらないと考えられている．ASP（Application Service Provider）はネットワークを通じて，アプリケーションを利用する情報システム活用の形態のことである．SaaS・ASP はともに，クラウド・コンピューティングの一部の形態と見なされることが多いため，クラウド・コンピューティング全体の利用状況を明らかにするものではない．しかし，中小企業におけるクラウド・コンピューティングの活用で中心となるのは，ASP のような，ネットワークを通じたアプリケーションの利用であると推測することができる．そのため，SaaS・ASP の利用状況からでも，中小企業における新たな情報システムの活用について，ある程度を知ることができると考えられる．

　図表2-12の通り，「利用は考えていない」，「わからない・知らない」の回答の割合は，企業規模が大きくなるにつれて減少している．特に，従業員規模が20人以下の企業では，実に83.5％が「利用は考えていない」，「わからない・知らない」と回答している．このことから，中小企業，とりわけ小規模企業では，SaaS・ASP の利用は，まだ進んではいないだけではなく，検討段階にも至っていないということができる．

　また，SaaS・ASP に対する認知度も企業規模が大きくなるにつれて上がっている．従業員規模20人以下の企業では，SaaS・ASP を「分からない・知らない」と回答したのは，約半数の47.8％もの企業である．それに対し，従業員規模301人以上の企業では，SaaS・ASP を「分からない・知らない」と回答したのは，わずかに17.0％である．このことから，ある程度の企業規模以上の企業では，SaaS・ASP といったネットワークを経由した情報システムの利用について，認識されているということができる．しかしながら，「利用は考えていない」の回答については，従業員規模20人以下の企業では35.7％であり，従業員規模301人以上の企業でも40.0％である．他の企業規模でも，37.9％から39.1％の間に収まっている．このような結果から，SaaS・ASP といった情報システムの利用形態は，注目はされているものの，2008年当時では，実際の企業の導入はそれほど進んではいないということができる[*67]．

　次に，SaaS・ASP を利用することのメリットについての回答は図表2-13の通りである．この設問についても，対象は SaaS・ASP であり，クラウド・コンピューティング全体ではなく，一部の形態での利用することのメリットを明らかにしている．SaaS・ASP の利用状況と同様に，SaaS・ASP の利用する

ことのメリットからでも，中小企業における新たな情報システムの活用について，ある程度をうかがい知ることができると考えられる．回答のあった企業のそれぞれ半数近くが SaaS・ASP を利用することのメリットとしてあげていたのは，48.9％のあげた「初期費用の費用負担が少ない」，48.5％のあげた「社内に人材・ノウハウが無くても利用できる」である．このことからも，中小企業における情報システムに対する懸念点は，金銭的資源，人的資源に集約されているということを推測することができる．

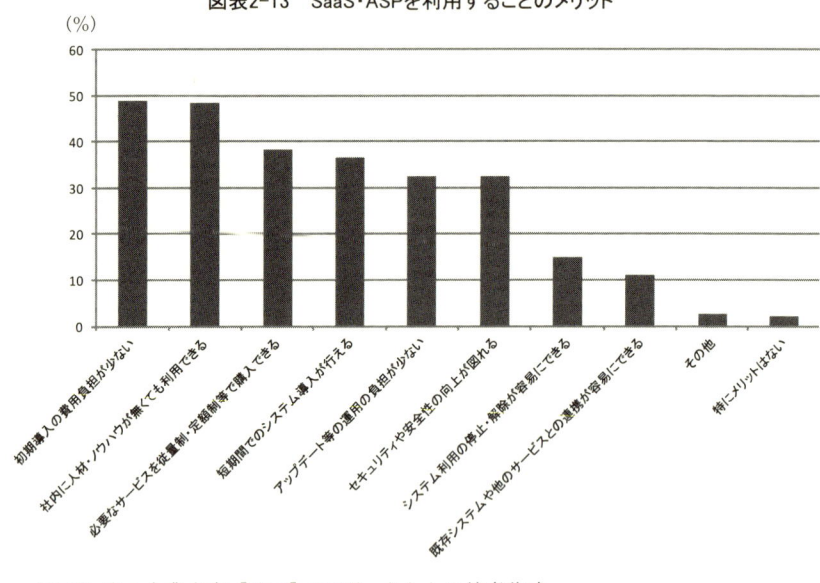

図表2-13　SaaS・ASPを利用することのメリット

(%)

項目	割合
初期導入の費用負担が少ない	約49
社内に人材・ノウハウが無くても利用できる	約48
必要なサービスを従量制・定額制等で購入できる	約38
短期間でのシステム導入が行える	約36
アップデート等の運用の負担が少ない	約32
セキュリティや安全性の向上が図れる	約32
システム利用の停止・解除が容易にできる	約15
既存システムや他のサービスとの連携が容易にできる	約11
その他	約3
特にメリットはない	約2

（出所）中小企業白書［2011］102頁，をもとに筆者作成

また，その他の項目で，20％から30％の企業がメリットであると回答している項目も「必要なサービスを従量制・定額制等で購入できる」，「短期間でのシステム導入が行える」，「アップデート等の運用の負担が少ない」，「セキュリティや安全性の向上が図れる」となっている．つまり，大多数の中小企業にとっては，情報システムの導入，維持管理は，金銭的にも，人的にも負担となっているということができる．そのことから，情報システムを積極的に活用するというよりは，負担の軽減にメリットを感じていると考えられる．これらのメリットとして回答した項目の中で，負担軽減以外の回答となっているのは，

11.0％が回答した「既存システムや他のサービスとの連携が容易にできる」のみである．このような結果からも，中小企業において情報システムは一般化しており，導入も進んでいるが，そこから得られた情報を活用するなどといった積極的に活用していく意識はまだまだ進んでいないということができる[68]．

以上のように，中小企業における情報システムの活用は，導入は進んできているものの，積極的な活用までには至ってはいないということができる．中小企業が今後，より積極的に事業を発展し，競争優位を得るには，事業による努力だけでは難しい．そこで，事業とそれを支える情報システムを有効に活用しなければならないと考えられる．

第5節　情報システムの高度活用

企業を経営するためには，まず企業そのものをかじ取りするための指針が必要となる．それが，経営戦略である．経営戦略には多種多様な定義が存在しているが，大滝＝金井＝山田＝岩田［1997］は「企業行動に一定の方向性と指針を提供するものが経営戦略である[69]」としている．また，石井＝奥村＝加護野＝野中［1996］は「経営戦略とは，企業と環境との関わり方を将来志向的に示す構想であり，企業内の人々の意思決定の指針となるもの[70]」と定義している．このように，経営戦略とは，企業の経営に関わることを細密にまとめ上げたものではなく，将来に向けての大きな方向性を決定するためのものであることが分かる．

情報システムを積極的に活用し，企業の競争優位に役立てるための要因を分析した先行研究には，以下のものをあげることができる．本橋［1993］は，情報戦略を立案する際には，全体的な経営戦略との整合性を図る必要があり，立案された情報戦略は，1つの戦略として独立して実行するのではなく，全体的な経営戦略の一環として実行されなければならない．経営戦略と情報戦略との関係は，計画，組織化，行動，評価の企業活動において表裏一体であり，経営戦略を支援するのが情報戦略となるとしている[71]．同様に金澤［2005］は，情報システム戦略は，経営戦略とIT の掛け橋であると報告している[72]．また，田村［2000］は，IT 戦略と経営戦略の一貫性を持たせることは経営者にとっての大きな課題であるとしている[73]．さらに，McFarlan=McKenny=Cash［1987］は，IT の利用計画は戦略的観点から考えるべきであるとしている[74]．同様に，平本［2007］の報告する通り，情報システムは，明確かつ戦

略的な意図にもとづいて設計・運用され，活用されなくてはならないのである＊75．また，松島［2007］が，「近年の戦略的 IT 投資においては，IT は経営戦略の実現のための効果的道具として位置づけられている＊76」としている通り，IT にもとづいた情報システムを効果的に活用することによって経営戦略を実現しなければならない．

つまり，情報システムは独立して導入されるべきではなく，経営戦略，情報戦略と整合性を持って導入されるべきである．経営戦略，情報戦略にもとづいた情報システムが導入されることにより，事業の仕組みや組織との整合性から乖離した情報システムが導入されることを避けられるようになる．情報システムを積極的に活用するためには，情報戦略に始まり，情報システムの導入，評価に至るまでの PDCA サイクルと経営戦略との両方が重要であると考えられる．

ここで，先行研究による経営戦略と情報戦略の一致と情報システムのマネジメントサイクルの実施のそれぞれについて，中小企業における現状について考察する．経営戦略と情報戦略の一致は，企業の経営から見た情報システムの活用を観点としている．先行研究にある通り，経営戦略と情報システムの掛け橋となるのが情報戦略である．経営戦略や情報戦略を書面として作成していなくとも，企業により程度の差はあれども計画をもとに経営が行われる．これらを明文化することにより，経営戦略と情報戦略が一致しているかの確認をすることができる．さらに，情報システムを導入する際にも，経営戦略，情報戦略をもとにした情報システムが導入されているのか評価をすることができるようになる．このようにして，競争優位に繋がる経営戦略，情報戦略に紐づいた情報システムの導入をしなければならない．

それにも関わらず，多くの中小企業における情報システムの活用は，コスト削減を目的としたものに留まっている．これは，企業を競争優位に導くための経営戦略と，それを実現するための情報システムが結びついていないことを表している．つまり，情報戦略が経営戦略と情報システムの掛け橋となっていないことを示唆している．

情報システムによる競争優位の獲得を対象とした先行研究では，Brynjolfsson［2004］や平野［2007］などをあげることができる＊77．これらの研究は，導入した情報システムの効果を売上高などの財務的指標によって測定し，情報システムとその効果の関係性を定量的に調査することを目的としている．しかしながら，売上高などの財務的指標は企業の執り行うさまざまな施

策，すなわち企業活動の成果として表れるため，情報システムを導入した結果として得られた効果が，直接的に売上高などの財務的指標に結び付いたかを判断するのは非常に難しい．

特に大企業では，扱う業種も複数に渡り，それぞれの部門が個別に情報システムを導入している．これらの大企業の各部門に導入されている多種多様な情報システムから得られた効果を総合した結果である財務的指標で表すことでは，明確に因果関係を示すことができないのではないかと考えられる．そのため，大企業と比較して，単一の業種であることも多く，組織もシンプルである中小企業の方が，導入した情報システムと売上高などの財務的指標との因果関係は明確に表れやすいと推測される．反面，単一の業種であるために，売上高などの財務的指標は景気などの外的要因の影響を受けやすいことがあげられる．そのことから，中小企業においても，導入した情報システムと売上高などの財務的指標との明確な因果関係を示すことは難しいのではないかと考えられる．

また，財務的指標によらない情報システムによる競争優位の獲得を対象とした研究も存在してはいるが，Wiseman［1989］，松島［1999］などの高度活用の定義，分析枠組みの提示が中心である*78．事例研究に大串＝松島［2007］，根来＝吉川［2006］などが散見されるのみである*79．財務的指標によらない研究では，情報システムを定性的に評価し，その活用の度合いを測定するものが主たる位置を占めている．これらの研究では，個別の企業の情報システムに焦点を当てることが可能となったが，他方，対象とする企業が少ないことから，その評価に普遍性があるのかについての問題が存在する．

このように，財務的指標を使用しない情報システムによる競争優位の獲得を対象とした研究は事例研究の段階に留まっており，個別の企業における情報システムの分析が中心となっている．このことから，多数の企業を対象として，情報システムによる競争優位を獲得している企業の共通項を抽出した研究はほとんど存在しない．

財務的指標によらない研究においても，財務的指標によった研究と同様に，組織が複雑なことで，情報システムによる効果を明確に把握するのが難しい大企業と比較して，組織がシンプルな中小企業の方が，情報システムによる効果を明確に把握しやすいと推測することができる．以上から，財務的指標によらない調査においても研究対象として中小企業が適していると考えられるが，中小企業を対象とした情報システムによる競争優位の獲得を対象とした研究はいまだ少ないのが現状である．

ここで，情報システムの高度活用に関係した先行研究について一覧を作成し，整理する．

　情報システムの高度活用に関係した先行研究の研究分野は，大きく3つに分けることができる．1つ目は「情報戦略」である．情報戦略は，情報システムを導入し，活用する上での指針となる戦略である．経営戦略のもとに情報戦略が立案され，情報戦略をもとに情報システムが活用されることになる．2つ目は「戦略的活用」である．情報システムを高度に活用し，競争優位に役立てるために活用することである．3つ目は「情報の活用」である．情報の活用は，情報システムから得られた情報を経営に役立てることである。これらの3つの研究分野の先行研究は図表2-14〜図表2-16の通りである．

　情報システムの高度活用に関係した先行研究の一覧から分かる通り，情報戦略，戦略的活用，情報の活用と，それぞれについて言及をしている先行研究は多い．これらの研究では，概念を構築するのみで，検証までを行っている研究はほぼ存在しない．つまり，情報システムを高度に活用することは重要であると認識されており，概念の構築までは盛んに行われているが，概念をどのように実証するのかといった点については，ほとんど研究は進められていないということができる．

図表2-14　情報戦略の先行研究

項番	研究分野	著者	内容	頁
1	情報戦略	甲賀＝林口＝外村＝黒田[2000]	ビジネス戦略と整合が取れ，戦略を支援するIT戦略を構築する	P.81
2		甲賀＝林口＝外村＝黒田[2000]	IT戦略に基づいて情報システムに組み込む案件を取捨選択し，システム開発計画を策定する	P.81
3		安藤＝元橋[2002]	情報システム投資を全社的経営戦略の一環としてとらえて，トップダウンで社内の情報化に取り組んでいくことが必要である	P.104
4		石川[2001]	情報化戦略とは情報活用戦略と情報技術戦略からなる高度情報システム開発戦略である	P.91
5		大槻＝佃＝竹安[1999]	戦略レベルには，経営戦略を日々の業務の運営の仕組みおよびその情報システム化にまでブレークダウンすること，社外含めた業務改善を検討することなどが含まれる	P.90
6		佐々木[2001]	経営戦略上重要な情報を得るための情報システムの構築．いかにして競合他社に対して情報格差を生むかという情報戦略のことである	P.129
7		佐々木[2001]	経営戦略を実現するためのコンピュータ・システムの活用	P.129

第2章　先行研究

8	島田＝遠山[2003]	経営戦略に基づいて情報化戦略を策定することが必要であるとともに，適切な経営戦略を策定するには情報利用技術の動向を検討することが必要なのである	P.168
9	津田[1990]	情報化経営では経営戦略にもとづき，その戦略の実現のための戦略情報によって経営活動が進められる	P.156
10	寺本[2003]	今や経営戦略とIT戦略は表裏一体のものであり，統合的な視点から展開されるべきものである	P.18
11	根本[1990]	情報資源の戦略的価値を引き出すのも埋もれたままにするのも，経営戦略のあり方に依存する	P.125
12	Rapp[2002]（柳沢＝長島＝中川訳[2003]）	まったく独立したIT戦略，もしくは純粋にITをベースとした経営戦略はありえない	P.45

(出所) 筆者作成

図表2-15　戦略的活用の先行研究

項番	研究分野	著者	内容	頁
1	戦略的活用	立川[1996]	各企業はその生存と成長を求めて新たな施策を模索する．そこでは経営戦略がますます重要になり，その実現，運用のために情報システムの利用が必要になる	P.31
2		寺本[2003]	ITを戦略的に活用するためのマネジメント，「IT戦略マネジメント」の格差が企業の競争力の格差を生み出しているのである	P.11
3		花岡＝島田＝財部＝吉田[1995]	情報システムは，今日ではたんなるデータ処理の範囲を超え，経営戦略や業務（ビジネス）プロセスの領域にも及んでいる	P.76
4		平野[2007]	IT投資から成果を得るためには，企業の業務プロセスをデジタル化するとともに，自社がおかれた競争環境と自身の組織能力を見極め，自社の優位性を活かし不利をカバーするような，戦略と一体となったITの使い方を編み出さねばなりません	P.11
5		平本[2007]	情報システム，明確かつ戦略的な意図にもとづいて設計・運用され，戦略的に活用されなくてはならない	P.16
6		松野＝小阪[1999]	企業の競争力の源泉は情報資源の活用による差別化であり，経営戦略に占める情報技術の役割は，ますます重要性を増してくるであろう	P.213

7		宮川[2004]	市場の多様化，広域化，流動化などの傾向に適応するために，経営戦略や経営計画の立案における情報要求は，ますます高度化している．また，計画の執行管理やコントロールのためにもきめ細かくかつ適時の情報が要求される．管理プロセスのあらゆる局面において，情報化は必然の傾向なのである．	P.8
8		山内＝松岡＝宮澤[1998]	情報システム活動から逆に経営に役立つ情報を組織として集約していくこの往復運動がまた，経営情報管理の実践であるといえる	P.18
9		Porter[1998]（竹内訳[1999]）	情報技術はコストもしくは差別化のいずれかの点で，その競争優位に強い影響を与える	P.157

（出所）筆者作成

図表2-16　情報の活用の先行研究

項番	研究分野	著者	内容	頁
1	情報の活用	石井＝奥村＝加護野＝野中[1996]	情報技術の発展とともに，以上の情報資源をより有効に活用できる機会が増えている	P.55
2		海老澤＝一瀬＝堀内＝佐藤＝上田[1989]	情報資源管理とは，組織体の行動にかかわる有用な情報を選別，処理，創造するために，関連する情報を組織の資源として有機的かつ動態的に統合し，運用することをいう	P.33
3		岡田[1999]	情報システムが意思決定を支援するためには，データを系統だてて集約し，目的をもって選別・加工したうえで価値のある分野に限定した情報として提供する必要がある	P.40
4		工藤[1988]	情報は，企業に必要な情報をよりよく用意し，それが合理的に利用されてはじめてその価値が生まれる	P.11
5		山下＝寺本＝山口[1994]	経営資源としては，伝統的なヒト，モノ，カネに加えて情報の持つ重要性がますます増している．具体的には，情報技術をどう活用して，どのような情報処理システムを構築するか，つまりどんな情報を創造するかが経営の成否を大きく左右する	P.75
6		Porter[1998]（竹内訳[1999]）	企業が活動すればするほど情報技術はデータを生み出していき，かつては利用できなかったような情報まで収集・獲得可能となっている．またこうした技術のおかげで，充実したデータに，これまで以上に包括的な分析を加え，活用する余裕も生まれている．	P.145

（出所）筆者作成

第3章
研究手法と仮説の提示

第1節　研究手法

1．研究手法の概要

　中小企業は，大企業と比較して，一般的に経営資源に乏しいとされている．その反面，企業の規模が小さいことから，意思決定などを迅速に行うことができるといった利点も存在している．このような特徴を持つ中小企業の競争力を高めるためには，情報システムを有効に活用することが重要であると考える．本書では，情報システムの導入までは一般化してきたが，概して高度に情報システムを活用するには至っていないとされる中小企業を対象に，情報システムの高度活用をするための仕組みと効果の関係性を明らかにすることを目標とする．

　情報システムを高度活用するための仕組みに関しては，先行研究サーベイと事例研究を併用する．先行研究サーベイにより，本研究における情報システムの高度活用に必要な条件を設定する．さらには，情報システムの高度活用の条件をもとに情報システム活用の実態調査，理論構築の先行研究から，情報システムの高度活用をするための枠組を構築する．設定した情報システムの高度活用の条件と構築した分析枠組をもとに，アンケート調査を用いて，中小企業における情報システムの高度活用の結果，生み出される効果との関係性について統計的手法を用いて分析する．

　情報システムを高度に活用するためには，まず，企業を経営するための指針が必要である．その指針をもとに，情報システムの計画が決定し，導入・運用されることで，効果的に活用することができるようになる．企業を経営するための指針が経営戦略であり，次のように定義される．大滝＝金井＝山田＝岩田

41

[1997] は,「企業行動に一定の方向性と指針を提供するもの*80」が経営戦略であるとしている.石井＝奥村＝加護野＝野中 [1996] は,「経営戦略とは,企業と環境との関わり方を将来志向的に示す構想であり,企業内の人々の意思決定の指針となるもの*81」としている.

企業で活用されているコンピュータによるシステムは一般に情報システムと呼ばれており,その定義にはさまざまなものがある.Wiseman [1989] は,「組織がその目的を達成するのを助ける能力をもった,コンピュータをベースとしたシステム*82」が情報システムであるとしている.また,平本 [2007] は,「今日の企業経営にとって欠かすことのできない経営資源である情報を,効果的に収集・加工し,企業行動に迅速に反映させるシステム*83」が情報システムであると報告している.

このように,情報システムは経営の役に立つように情報を収集,整理,活用するコンピュータによるシステムであるということができる.そのため,情報システムは,企業の活動に深く関わり,分野に関わらず多岐に渡って導入・活用されている.しかしながら,情報システムは単に導入するだけではその効果は充分に発揮されない.明確な指針を策定しないままに導入をしても,その効果は限定的で,一時的なものとなる.これは,導入することのみによって得られる優位性は,模倣しやすく,コモディティ化しやすい傾向があるためである.そこで,持続的な競争優位に繋げるために,情報システムの高度活用をする必要がある.

情報システムの高度活用については,内外の研究者によって用語を含めて,多様な定義がなされており,研究が進められている.情報システムの高度な活用を「戦略的活用」と表現している先行研究も多いが,「戦略的活用」は多様な意味を含み,誤解を生みやすい表現であることから,本研究では「高度活用」に統一する.ここで,情報システムの高度活用を「経営に持続的な貢献をするように,経営戦略に従って導入した情報システムの改善を継続して実施し,情報システムから得られた情報を有効に活用することである」と本研究では定義する.情報システムよる効果を,一過性のものではない持続的なものとするためには,単に情報システムを導入し,利用すれば良いのではないことから,継続性を重視した定義とした.持続的な効果を得るためには,情報システムに対して継続的な改善と,情報システムによって得られた情報から知見を見出し,経営に活用するといった仕組みが必要と考えられる.このような情報システムを活用するための仕組みが整うことにより,情報システムから効果が生み出さ

第3章 研究手法と仮説の提示

れると考えられる．

　Brynjolfsson［2004］の一連の研究によれば，米国大企業における IT 活用度（労働者1人当たりの IT 投資額）と，その全社的な生産性の間には，プラスの相関が認められるとしている*84．日本における研究でも，平野［2007］は，IT 投資レベルの高いグループの方が，平均収益性が高い傾向にあると報告している*85．このように，財務的指標を用いたマクロ的な分析が，情報システムの高度活用に関する定量的な研究の中心である．これらの研究では，マクロ的に情報システムの導入と効果を見ることにより，関係性を明確に表すことができる．その半面，マクロ的に見ることにより，情報システムの導入とその効果の間に実施されていた施策についての分析は，概してなされてはいない．これには，情報システムの導入から効果に至るまでの因果関係を測定するための企業内部のデータ収集の困難さが関係している．例え企業内部のデータを収集する機会に恵まれたとしても，情報システムを導入したことによる効果がどのデータに表れているのか，どのデータを情報システムの導入効果として採用するのかといった，効果測定の困難さも存在する．

　一方，情報システムの導入と効果を対象としたミクロ的な研究では，根来＝吉川［2006］，対象が地方自治体ではあるが，大串＝松島［2007］などが事例分析を行っている．根来＝吉川［2006］は，ウォルマートの事例分析を通じて，情報システムによる模倣困難性に関わる要因を明らかにした*86．大串＝松島［2007］は，BSC（バランスト・スコア・カード）を活用した分析枠組を地方自治体に適用することにより，情報システム投資と効果の関係性を明らかにした*87．これらの研究では，分析枠組を構築し，構築した分析枠組を事例に適用している．ミクロ的な分析では，分析枠組を情報システムの評価基準として，事例に適用することにより，情報システムの導入と効果を明確に表すことができるようになる．さらに，事例を対象とすることにより，マクロ的な研究と比較して，詳細な分析が可能となる．その反面，事例研究の手法上，分析対象の企業数が限られるといった制約が存在している．そのため，事例研究によって得られた分析枠組の妥当性が，事例に特有のものなのか，それとも一般化が可能なものなのかについて，証明には困難さが伴うことになる．

　調査結果をもとにした研究と事例研究の中間にあたるのがアンケート調査である．調査票を自ら作成することにより，個別のデータを得られるため，財務的指標を用いたマクロ的な研究と比較して，深く分析をすることができるようになる．さらに，ミクロ的な研究である事例研究と比較して，調査対象の企業

を増やせることから，その結果も一般化しやすくなる．

　そこで，本研究では，中小企業における情報システムの活用を促進させることが目的であることから，導入する情報システムとその効果の因果関係をより明確に分析するために，マクロ的な手法ではなく，ミクロ的な手法を用いることにした．また，構築した分析枠組を広く中小企業に活用してもらうためにも，事例に特有のものではなく，なるべく多くの事例に適合するものである必要があることから，事例研究は用いない．以上から，ミクロ的な分析を実施し，なおかつ，企業内部におけるデータ収集の困難性を克服するために，本研究ではアンケート調査の手法を採用した．

　しかしながら，アンケート調査にも課題は存在する．調査票を自ら作成し，郵送などにより調査対象に送付し，それを入力して分析する費用と手間がかかるといった点である．近年では，郵送によるアンケート調査の回収率が低下しており，大規模に調査票を送付しても，思うように回収ができないといった問題もある．そのため，中小企業における情報システムの活用についてのアンケート調査による研究は，都道府県や市町村ごとの中，小規模のものが中心である．

　本研究では，前述の課題，先行研究において実施されていない点を補うべく，全国を対象とした大規模なアンケート調査を2回実施した．第1回のアンケート調査は，作成した調査票を郵送することにより，2009年8月に実施し，全国4,500社の中小企業を調査対象とした．全国4,500社の中小企業を対象としたアンケート調査は，非常に大規模な調査である．回収率についても，アンケート調査の回収率低下が課題となる中，17.3%と比較的高い結果を得ることができた．第2回のアンケート調査は，作成した調査票を郵送することにより，2010年10月に実施し，第1回のアンケート調査で回答のあった全国778社を調査対象とした．第2回のアンケート調査も778社を対象としており，比較的に規模が大きい．回収率についても23.8%とかなり高い結果のアンケート調査である．このように，全国の中小企業を対象とした大規模なアンケート調査とアンケート回答企業に対し，追跡調査を実施した例は類をみない．以上からも，本研究は意義のあるものと考えられる．

2．中小企業における情報活用力とIT化に関するアンケート調査

　第1回として実施した「中小企業における情報活用力と IT 化に関するアン

第 3 章　研究手法と仮説の提示

ケート調査」は，書面によるアンケート調査票を国内中小企業に郵送することにより実施した．対象企業は，東京商工リサーチのデータベースを利用し，全国の中小企業から4,500社をランダムに抽出した．抽出対象には，最低10名以上の正社員を有するといった制約の付加を行った．これは，情報システムの活用についての調査がアンケートの主たる目的であることから，社員数の少ない企業では，情報システムを導入していない，または，情報システムを導入したことによる効果が表れにくいのではないかといったことを想定したことによる．つまり，中小企業基本法第2条第5項の規定にもとづく「小規模企業者」である小規模企業・零細企業は，製造業・建設業・運輸業を除いて，基本的には本アンケートの対象外とした*88．

　アンケートの調査票には，中小企業における情報活用力と IT 化について明らかにするための設問を配してある．その中心となるのは，情報システムの適用分野と活用状況，運営体制である．また，中小企業の社長，もしくは役員（CIO）がアンケートに回答することを想定し，調査票は，情報システムについて専門的な知識を必要とする内容ではなく，一般的な知識があれば回答可能な，平易な表現に努めてある．

　本アンケート調査では，日本全国を対象として，幅広く中小企業から回答を得ることを目的とした．これまでに，情報システムの活用を対象とした実態調査は数多く実施されている．これらの実態調査は，対象が大企業のみであったり，中小企業を対象としたものは調査地域が限定されているものであったりすることがほとんどである．さらに，企業による調査報告が中心であり，学術的な調査はあまり行われていない．その他にも，中小企業庁による中小企業白書では，数年おきに情報システムの実態調査が実施されている．中小企業白書を参照することにより，中小企業における情報システムの活用状況の概要は知ることができる．しかしながら，公開されているのは調査結果のみであることから，中小企業白書をもとにして，さらなる分析をするのは難しいと考えられる．

　そこで，全国の中小企業を対象として，大規模なアンケート調査を実施することには，大きな意義があると考えられる．調査目的から，アンケートの設問の設計をし，回答の個票データをもとにすることにより，深い分析を実施することが可能となる．その効果を充分なものとするために，アンケートの設問の設計には入念な準備を行った．回答を悩むような設問を排除し，スムーズに回答が可能となるようなアンケートの調査票を作成した．

　アンケート調査は，2009年8月に実施し，778社からの回答が得られ，回収率

45

は17.3%となった．アンケートの対象とした業種と企業数，アンケートに回答のあった業種と企業数は図表3-1の通りである．

図表3-1　中小企業における情報活用力とIT化に関するアンケート調査結果

業種名(大分類)	送付計(構成比率)	回収計(構成比率)	(回収率)
製造業	1777(39.5%)	311(40.0%)	17.5%
卸売業，小売業	1309(29.1%)	245(31.5%)	18.7%
情報通信業	287(6.4%)	59(7.6%)	20.6%
運送業，郵便業	468(10.4%)	69(8.9%)	14.7%
宿泊業，飲食サービス業	129(2.9%)	12(1.5%)	9.3%
生活関連サービス業，娯楽業	157(3.5%)	25(3.2%)	15.9%
サービス業(他に分類されない)	373(8.3%)	57(7.3%)	15.3%
総　計	4500	778	17.3%

(出所)　筆者作成

3．情報システムの活用・評価に関するアンケート調査

「情報システムの活用・評価に関するアンケート調査」は，第1回の「中小企業における情報活用力と IT 化に関するアンケート調査」と同様に，書面によるアンケート調査票を国内中小企業に郵送することにより実施した．アンケート調査の対象企業の778社は，2009年に実施した第1回の情報システムの導入状況に関するアンケート「情報システムの活用・評価に関するアンケート調査」に回答があった企業である．そのため，第1回のアンケート調査と同様に，対象企業には，最低10名以上の正社員を有するといった制約が加わっている．また，第2回となる「情報システムの活用・評価に関するアンケート調査」も，中小企業の社長，もしくは役員（CIO）がアンケートに回答することを想定しているが，前回のアンケートに回答のあった企業が対象であることから，調査票には，情報システムの活用・評価に関する具体的な知識を要するような設問も配してある．

第1回の調査は，広く全国の中小企業を対象とし，情報システムの活用状況について回答を得ることを主眼とした．そのことから，設問については平易な表現を使用し，情報システムに詳しくない回答者でも回答に悩むことがないように設計をした．それに対して，第2回の調査では，第1回に回答のあった企業を対象としたことから，情報システムについて，より深く掘り下げる質問票とした．その中心となるのは，情報システムの活用と評価，そして計画である．

これらの設問をもとに，中小企業における情報システムの高度活用についての分析を進める．

本調査においても，アンケートの設問の設計には入念な準備を行った．情報システムについて，あまり専門的な内容としてしまうと，内容を理解しないままにアンケートに回答し，設問の意図とは異なった結果となることも予想される．そこで，情報システムの活用・評価について，深く掘り下げることと専門的になりすぎないことのバランス取り，前回と同様にスムーズに回答が可能となるようなアンケートの調査票を作成した．

アンケート調査は，2010年10月に実施し，185社から回答が得られ，回答率は23.8％となった．アンケートの対象とした業種と企業数，アンケートに回答のあった業種と企業数は図表3-2の通りである．

図表3-2　情報システムの活用・評価に関するアンケート調査結果

業種名（大分類）	送付計（構成比率）	回収計（構成比率）	（回収率）
製造業	311（40.0％）	81（43.8％）	26.0％
卸売業、小売業	245（31.5％）	55（29.7％）	22.4％
情報通信業	59（7.6％）	7（3.8％）	11.9％
運送業、郵便業	69（8.9％）	10（5.4％）	14.5％
宿泊業、飲食サービス業	12（1.5％）	6（3.2％）	50.0％
生活関連サービス業、娯楽業	25（3.2％）	3（1.6％）	12.0％
サービス業（他に分類されない）	57（7.3％）	19（10.3％）	33.0％
無回答	―	4（2.2％）	―
総　計	778	185	23.8％

（出所）筆者作成

第2節　分析枠組の構築と仮説の提示

1．情報システムの高度活用とPDCAサイクルの実施

情報システムの高度活用をするためには，導入前の計画立案，情報システムの導入，導入後の効果測定，そして，効果測定をもとにした情報システムの改善といったマネジメントサイクルを継続して実行しなければならないと考えられる．

再掲となるが，McFarlan=McKenny=Cash［1987］は，IT の利用計画は戦略的観点から考えるべきであると報告している*89．同様に，平本［2007］は，

明確かつ戦略的な意図にもとづいて情報システムは設計・運用され，活用されなくてはならないとしている*90．また，松島［2007］は，「近年の戦略的 IT 投資においては，IT は経営戦略の実現のための効果的道具として位置づけられている*91」としている．このように，情報システムを効果的に活用することによって経営戦略を実現するものでなければならない．

そこで，本橋［1993］が経営戦略を支援するのが情報戦略であるとしている通り，経営戦略にもとづいて情報戦略を策定し，情報戦略をもとに情報システムの導入・活用が行われる必要がある*92．石島［2003］は，経営戦略を情報システムのマネジメントに具体化していき，PDCA サイクルを回すことによって経営成果に結び付けていくとしている*93．そのためにも，情報システムを導入することそのものを目的とするのではなく，計画をもとにした導入後の評価，評価をもとにした改善を継続することが重要となる．それは，大串＝松島［2007］が，上位組織の目標を達成する手段が，下位組織の目標となり，PDCA サイクルを回すことによって経営戦略を推進していくとしていることからも明らかである*94．

企業を経営するためには，方向性を決定した指針が必要となる．決定した指針をもとに，経営の計画，すなわち経営戦略が策定され，経営戦略のもとに策定されるのが情報戦略（情報計画）である．この情報戦略（情報計画）をもとにして情報システムの計画が決定し，導入・運用されることによって，情報システムを効果的に活用することができるようになる．この情報システムの導入は，計画作成，投資意思決定，業績測定までの一貫したマネジメントサイクルとしてとらえる必要があると松島［1999］はしている*95．石島［2003］は，経営戦略から情報化，運用に至る各フェーズで PDCA サイクルを回すことで目標を達成し，経営成果に結び付けるとしている*96．

PDCA サイクルにおける経営戦略，情報戦略（Plan）の通りに情報システムが導入（Do）されているかは，評価（Check）をしなければ確認ができない．そして，評価（Check）した結果は改善（Act）に繋がり，再び，経営戦略，情報戦略にフィードバックすることによって反映される．つまり，情報システムの高度活用をするためには，上記のような一連のマネジメントサイクルを実行しなければならない．

情報システムの効果測定は，PDCA サイクルの中では評価（Check）に相当する．情報システムの評価にはさまざまな企業，コンサルタント，研究者などによって手法が提案されてはいるものの，いまだに標準的な手法は確立されて

第 3 章　研究手法と仮説の提示

いない．そのため，用語の上では情報システムの評価と一括りにすることができるが，その手法は多種多様であり，実施する企業，機関，個人により，内容はまちまちである．近年，大企業においては情報システムの評価を実施することが定着しつつあるが，中小企業においては，標準的な手法が確立していないことや，経営資源の不足からも情報システムの評価実施は負担が大きいと考えられる．しかしながら，なんらかの評価を実施し，そのフィードバックを行うことは，情報システムも効果的に活用することにとって非常に重要である．

　以上の通り，経営戦略をもとに情報戦略が策定され，情報戦略をもとに，情報システムの計画，導入，評価，改善が行われるといった PDCA サイクルを実施することにより，情報システムは経営戦略から乖離することが少なくなる．その結果として，企業にとって目的に合った活用しやすい情報システムとなると考えられる．

2．情報システムの高度活用と情報の活用

　前項では，情報システムの高度活用をするために PDCA サイクルが果たす役割について検討した．しかし，情報システムの高度活用をするために実施できることは，経営戦略，情報戦略にもとづき情報システムを導入，活用し，PDCA サイクルを継続するだけではない．情報システムから得られた情報をいかに活用するかも同様に重要な要素である．

　加護野［2000］は，「ビジネスの世界を行き交う情報のほとんどは，間接的な価値しか持たない情報である．このような情報は，具体的なビジネス活動と結びつけられることによってはじめて価値を生み出すことができる[*97]」としている．このことから，情報システムを業務に合わせて活用するだけでは，その効果に限界がある．そこで，情報システムは中小企業の戦略の転換の大きな推進力となるとした Levy et al.［2002］の報告にある通り，情報システムをコスト削減などの一過性の効果に留まらない，競争優位を得るための戦略立案に援用するといった積極的な情報システムの活用が重要となる[*98]．企業の経営活動を変革する戦略の実現のためには，意思決定のスピード化が必須であり，それを支援するのが情報システムであると稲葉＝貫＝奥林［2004］は報告している[*99]．情報システムを積極的に活用するだけではなく，竹井［2010］は「企業経営に関する総括的情報をどのように経営に反映させていくかがひとつの課題である[*100]」としている．そのためには，情報システムから得られた情

報を適切に経営へとフィードバックをさせなければならない．そして，活用した結果得られた情報を継続して経営に反映し，意思決定などに役立てる必要があるとしている．

また，情報システムを企業経営の意思決定などにとって有効なものとするためには，目的に合った形で情報を加工する必要があると岡田［1999］はしている＊101．砂川［2001］は，情報技術を活用する人間や組織等の側面を中核とした情報収集・管理・活用の戦略的課題は，組織としての意思決定能力等に関わる問題であるとしている＊102．そして，「経営における意思決定の大部分は予測にもとづいて行われており，これらの予測の基礎となるのは主として過去の情報である＊103」と神戸［1994］が報告している通り，情報システムから得られた情報をもとに意思決定をすることになる．

Porter［1999］は，「企業が活動すればするほど情報技術はデータを生み出していき，かつては使用できなかった情報まで収集・獲得可能となっている．またこうした技術のおかげで，充実したデータに，これまで以上に包括的な分析を加え，活用する余裕も生まれている＊104」と報告している．それは，石井＝奥村＝加護野＝野中［1996］が示す通り，情報技術の発展により，経営資源である情報をより有効に活用できる機会が増えているということである＊105．つまり，情報システムから得られた情報は，単に蓄積をするだけではなく，蓄積をした情報を有効に活用することが重要であるということができる．このことは，溝口＝栗山＝寺崎［1996］が，「経営資源としての情報は，その情報にもとづいた意思決定から生み出される価値によって評価されなければならない＊106」としていることからも明らかである．

この企業による情報の活用について加護野［1999］は，情報を収集，編集・蓄積した後に，その情報から意味を引き出し，引き出された意味をもとに具体的なビジネス活動に結び付けるアクションを実行することによって情報から価値を創造することができるようになるとしている．これらの情報から価値を創造するために必要なことを3つのステップに分類すると以下の通りである＊107．

①情報の収集
②意味の発見
③アクション

同様に國領［2004］は，情報の活用とは，企業経営の中でさまざまな情報を

第3章 研究手法と仮説の提示

充分に活用して，意思決定，行動する能力であり，経営とは切り離すことのできない関係にあるとしている．この情報の活用は，以下の3つの能力で構成されているとしている[108]．

①情報を収集する能力
②集めた情報を取捨選択する能力
③その情報を経営環境の中で使うために翻訳する能力

これらの3つの能力も，独立している訳ではなく，加護野の3つのステップと同様に連続して行われる必要がある．そのため，國領は能力としているものの，実態としては加護野のステップと同様と考えられる．このように，情報システムを利用することによって情報は収集されるが，その情報を分析し，取捨選択することにより，初めて経営に役立つ情報として活用される．つまり，企業活動を通じて得られた情報を有効に活用するためには，単に情報を集めるだけではなく，蓄積した情報をいつでも活用できる状態に整理し，整理した情報を加工し，経営に役立てなければならない．

ここで，加護野と國領の3つのステップの比較をする．加護野，國領ともに第1のステップは情報を収集することとしている．これは，企業が情報を活用するための第一歩を踏み出すためには，企業の生み出す情報を広く収集することが必要となるからである．次の第2のステップにおいて，加護野と國領の見解は分かれる．加護野は第2のステップでは情報から付加価値のある意味を引き出す「意味の発見」としている．加護野とは異なり國領は，第2のステップで集めた情報の選別をする「情報の取捨選択」を行うとしている．つまり，國領の第2のステップでは，収集した情報を選別し，整理をするのみで，このステップでは情報には手を加えることはない．

続いて第3のステップでも実施する内容が異なっている．加護野の第3のステップでは，付加価値のある情報から，具体的なビジネス活動に結び付ける「アクション」を実行するとしている．それに対し國領は，第2のステップにおいては情報の選択に留まっていることから，第3のステップでは，選択した情報から付加価値を見出すための「情報の翻訳」が必要であるとしている．このように，加護野の第2のステップに当たる「意味の発見」が，國領の第2のステップの「情報の取捨選択」，第3のステップの「情報の翻訳」に相当している．

次に，企業における情報の活用について考える．企業活動を行うことにより，膨大な情報が発生することになる．これらの情報を収集することにより第1のステップである「情報の収集」が完了する．収集した情報そのものにはまだ付加価値がなく，ただ蓄積されるのみの情報である．蓄積したのみの情報は量が膨大であることから，付加価値のある情報を見出すことは非常に難しい．必要となる情報が雑多な情報に埋もれてしまうからである．そのため，蓄積した情報を整理し，無駄な情報を排した状態にしなければならない．これが，國領の第2のステップである「情報の取捨選択」に相当する．その上で，企業を経営する上で必要となる情報，すなわち，付加価値のある情報を見出す必要がある．これが加護野の第2にステップである「意味の発見」，國領の第3のステップである「情報の翻訳」に相当する．

　また，付加価値のある情報とは，それ単体で存在しているのではなく，それを用いた施策と組み合わせて活用することになる．この付加価値のある情報を組み合わせて実行する施策が加護野の第3のステップに相当する．つまり，情報を活用するためには，情報の付加価値を見出すことと，それをもとに施策を実行することが表裏一体となって実行される必要がある．以上のように，加護野と國領は，第1，第2，第3のそれぞれのステップを表現する断面は異なっているが，企業における情報の活用といった側面から見ると，概ね同様の内容を示しているということができる．

　企業が情報を活用する上で重要となるのは，収集した情報の整理，選択，そして，選択した情報から付加価値を見出すことである．このことから，本研究では第3のステップを具体的なビジネス活動に結び付けるアクションを実行するとした加護野ではなく，第1のステップを「情報の収集」，第2のステップを「情報の取捨選択」，第3のステップを「情報の翻訳」とした國領の断面を採用する．第1から第3のステップの断面では國領のものを採用したが，國領の3つのステップにも表現をし切れていない点があると考えられる．それは，第3のステップとしている「情報の翻訳」である．翻訳をするだけでは，情報を加工するだけであり，情報から付加価値は見出されない．収集した情報から，価値のある情報を選び出し，そこから新たな付加価値を作り出すといった処理を行う必要がある．付加価値のある情報であるからこそ，それをもとにして企業は施策を実行することができるのである．この情報を加工し，情報から新たな価値を作り出すことを本研究では創出とする．

　そこで，本研究では，情報の活用をするためには，まず，情報システムを利

用することにより，情報を収集し，次に情報システムによって収集された情報をもとに情報の選定を行い，最後に選定した情報から，経営に役立つ価値を作り出す，すなわち創出をするといった3つのステップを実施する必要があると考える．以下に3つのステップをまとめる．

①情報の収集
②情報の選定
③情報の創出

この情報を活用するための3つのステップを実施することにより，PDCAサイクルの実施と同様に，情報システムの高度活用に貢献すると考えられる．これまでに導出した情報システムの高度活用をするために必要であると考えられる情報システムに対するPDCAサイクルの実施，情報システムから得られた情報の活用の実施をもとに分析を進める．

第3節 分析枠組の構築と仮説の提示

これまでの先行研究サーベイにより，情報システムの高度活用をするためには，PDCAサイクルの実施と情報の活用の実施が貢献すると考えられる．そこで，本研究における仮説1，仮説2を提示する．PDCAサイクルの実施である仮説1は本橋［1993］*109，石島［2003］*110，大串＝松島［2007］*111，情報の活用である仮説2は加護野［2000］*112，國領［2004］*113をもとにして提示した．

・仮説1
　　情報システムの高度活用企業は，情報システムの計画から導入，評価，改善のPDCAサイクルが実施できている．
・仮説2
　　情報システムの高度活用企業は，情報システムによって収集，選定した情報を活用し，経営に役立てている．

この仮説1のPDCAサイクルの実施，仮説2の情報の活用の実施について，経済産業省による「中小企業IT経営力大賞」を事例として検証する．検証の

結果をもとに，情報システムの高度活用企業の条件として整理する．ここでは，仮説1であるPDCAサイクルの実施，仮説2である情報の活用の実施を情報システムの高度活用企業の条件として分析枠組の構築を試みる．

これまでにも述べてきたように，PDCAサイクルの実施と情報の活用の実施は，それぞれを行うことによって経営に貢献をすることができる．PDCAサイクルは，情報システムに対するマネジメントであり，情報の活用は情報システムから得られる情報のマネジメントである．情報システムの高度活用をするためには，これらの2つの施策が条件になると考えられる．PDCAサイクルの実施，情報の活用の実施を図にまとめると図表3-3のようになる．本研究では，情報システムを高度活用するためのマネジメントである，PDCAサイクルの実施と情報の活用を総称して情報システムの「高度活用マネジメント」として進めていく．

図3-3　情報システムの高度活用の条件

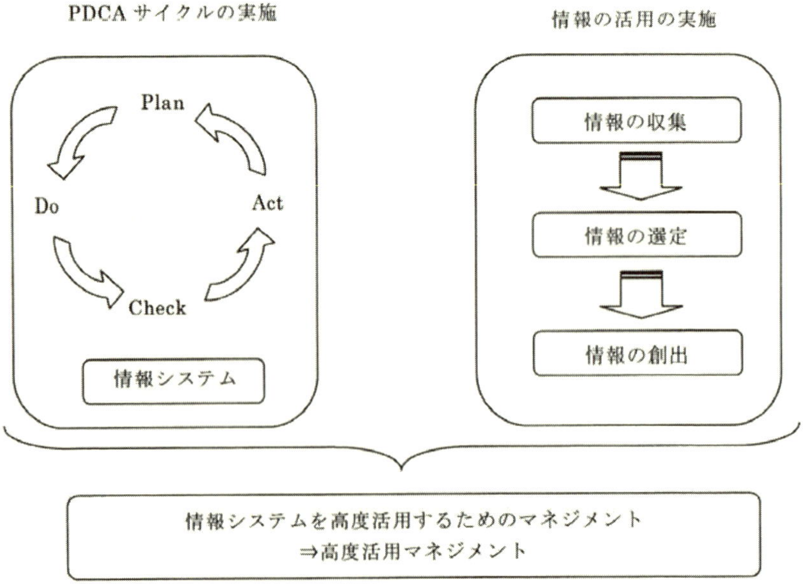

PDCAサイクルの実施　　　　　情報の活用の実施

情報の収集
↓
情報の選定
↓
情報の創出

情報システムを高度活用するためのマネジメント
⇒高度活用マネジメント

（出所）筆者作成

次に，情報システムの高度活用企業を分析するために，アンケート調査への適用を検討する．アンケート調査票に「PDCAサイクルが実施できています

第3章 研究手法と仮説の提示

か」,「情報の活用の３つのステップが実施できていますか」といった設問を設けても，アンケートの回答者の主観がそのまま表れるために，活用の実態は見えてこないと考えられる．そこで，アンケートの設問に，PDCAサイクルのそれぞれ計画（Plan），導入（Do），評価（Check），改善（Act）と情報の活用の３つのステップに対応する設問を調査票に配した．PDCAサイクル，情報の活用の３つのステップに対応する設問の回答を集計することにより，情報システムの高度活用マネジメントの実施状況をアンケート回答企業の調査結果に適用することになる．その結果を集計することにより，情報システムの高度活用が行われている企業を洗い出す．

第１回のアンケートの「中小企業における情報活用力とIT化に関するアンケート調査」と第２回のアンケート調査の「情報システムの活用・評価に関するアンケート調査」では，調査票の設問が異なっており，第１回のアンケートの「中小企業における情報活用力とIT化に関するアンケート調査」の回答企業に対して送付した第２回のアンケート調査の「情報システムの活用・評価に関するアンケート調査」の方が情報システムについて，より詳細で，具体的な設問となっている．これらの２回のアンケート調査に情報システムの高度活用マネジメントの分析枠組を適用し，分析をする．

情報システムの高度活用マネジメントをもとに，さらなる仮説を設定する．情報システムを導入，運用し，継続して改善を実施していくためには，経営戦略をもとにした情報戦略，すなわち，情報システムを導入し，活用するための計画も重要となる．経営戦略で大きな方針を決定し，そこから具体的な情報システムの適用分野や計画などの情報戦略に落し込まれていくことになる．このように，情報システムの導入計画と情報システムの適用分野とは密接な関係があると考えられる．

情報システムの適用分野は多岐に渡る．主要な情報システムの適用分野を例示すると，図表3-4の通り，主に業務系システムと管理系システムに分けることができる．情報システムの導入計画において，業務系システムと管理系システムのどちらかを重視すれば良いのではなく，業務系システム，管理系システムのどちらであっても計画をもとに導入を進めることが重要である．ここで，業務系システム導入の重視度をy軸，管理系システム導入の重視度をx軸として図を作成する．この図のx軸のプラス方向に分布するのが管理系システムの導入を重視している企業であり，y軸のプラス方向に分布するのが業務系システムの導入を重視している企業である．これらの企業が情報システムの高度活

図表3-4　代表的な情報システム

業務系システム	（1）資材・部品の調達 （2）在庫管理・物流 （3）生産管理（進捗管理） （4）品質管理 （5）販売管理
管理系システム	（6）顧客管理・サポート （7）経営戦略決定（企画立案） （8）管理会計 （9）人的資源庫管理 （10）財務管理 （11）社内情報共有 （12）知的財産管理（特許等）

（出所）筆者作成

図表3-5　クラスター分布図

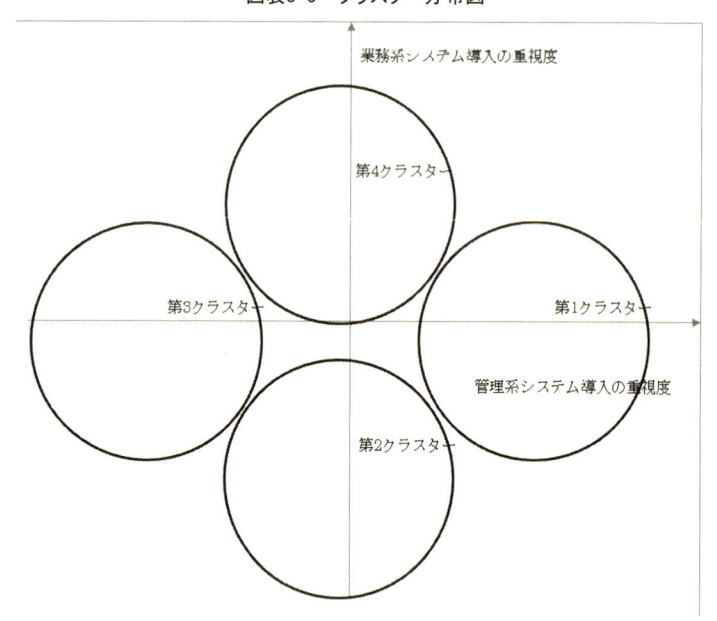

（出所）筆者作成

用企業と想定される．図示すると図表3-5の通りとなる．このx軸のプラス方向，y軸のプラス方向に分布する企業が高度活用企業であると想定されることから，これらの企業は，情報システムを活用するためにPDCAサイクルと情

第3章 研究手法と仮説の提示

報の活用を実施している企業であると推測される．つまりは，図表3-5における第1クラスターと第4クラスターに分布する企業が高度活用マネジメントを実施している企業と考えられる．x軸，y軸ともにプラス方向に分布する企業が情報システムの高度活用企業であるとし，x軸，y軸ともにマイナス方向に分布する企業が情報システムを高度に活用できてない企業とするのが通常である．しかしながら，中小企業における情報システムの活用状況を鑑みると，x軸，y軸ともにプラス方向に分布する企業は非常に少数になると想定される．また，中小企業における情報システムの活用は，適用分野と密接に関係していると考えられることから，X軸のプラス方向，マイナス方向に分布する企業，y軸のプラス方向，マイナス方向に分布する企業に分けて分析をした．

図表3-5の通り，業務系システム導入の重視度と管理系システムの重視度をもとに中小企業を分類すると，大きく分けて4つのクラスターに分類することができる．4つのクラスターをx軸のプラス方向に存在するクラスターから，時計回りに第1クラスター，第2クラスター，第3クラスター，第4クラスターとする．情報システムの高度活用企業を例に取るならば，第1クラスター：x軸のプラス方向に分布（管理系システムの導入を重視している企業），第4クラスター：y軸のプラス方向に分布（業務系システムの導入を重視している企業）となる．残りのクラスターは，第2クラスター：y軸のマイナス方向に分布（業務系システムを導入している企業），第3クラスター：x軸のマイナス方向に分布（管理系システムを導入している企業）となる．プラス方向の場合は導入を重視している企業としたが，マイナス方向の場合は，導入をしている企業も含まれており，必ずしも，情報システムを軽視している企業ではないことから，導入をしている企業とした．ここで仮説3，仮説4を提示する．

・仮説3
　業務系システム導入の重視度をy軸，管理系システム導入の重視度をx軸として中小企業を分類すると下記の4つのクラスターに分類することができる．
　　第1クラスター：管理系システムの導入を重視している企業（x軸のプラス方向に分布）
　　第2クラスター：業務系システムを導入している企業（y軸のマイナス方向に分布）
　　第3クラスター：管理系システムを導入している企業（x軸のマイナス方

向に分布)

　　第4クラスター：業務系システムの導入を重視している企業（y軸のプラス方向に分布)

・仮説4

　　情報システムの高度活用企業は，第1クラスター：管理系システムの導入を重視している企業と第4クラスター：業務系システムの導入を重視している企業に多く分布する．

　さらに，情報システムの高度活用には，それまでの導入によって蓄積された経験が重要であると考えられる．積み重ねた経験により，情報システムの導入もスムーズになり，高度活用もされやすくなると考えられる．ここで，仮説5を提示する．

・仮説5

　　情報システムの高度活用企業は，既に導入が進んでおり，更改による情報システムの導入が多い．

　以上の仮説3～仮説5については，情報システムの高度活用企業の分類を実施するものであることから，アンケート回答企業数の多い第1回のアンケートの「中小企業における情報活用力とIT化に関するアンケート調査」を対象として分析をする．仮説3～仮説5を検証するために，主成分分析，クラスター分析により，情報システムの高度活用企業の大枠の分析を実施する．
　続いて，情報システムの高度活用をするためには，より深く，高度活用企業の特徴について分析をする必要がある．特徴を洗い出すことにより，情報システムの高度活用を促進するための仕組みと効果の関係を明らかにすることができると考えられる．そこで，以下の仮説の分析には，第1回のアンケートの「中小企業における情報活用力とIT化に関するアンケート調査」ではなく，情報システムに関して専門的な内容の調査票とした第2回のアンケート調査である「情報システムの活用・評価に関するアンケート調査」を対象として分析をする．
　第1回のアンケートの「中小企業における情報活用力とIT化に関するアンケート調査」では，導入する情報システムの適用分野をもとに，主成分分析，クラスター分析を実施することにより，アンケート回答企業を分類した．ここ

第3章 研究手法と仮説の提示

ではさらに，情報システムによる効果が出ている分野と該当の業種の主要業務で必要とされる効果が一致していると考える．例えば，製造業では，生産性に関わる情報システムの適用分野で効果が表れているなどをあげることができる．ここで，仮説6を提示する．

・仮説6
　情報システムによって効果が出ている分野と該当の業種の主要業務で必要とされる効果が一致している．

　また，情報システムの高度活用をするためには，計画が重要なのと同様に，評価も重要な役割を担っている．評価を着実に実施することで，導入した情報システムの活用状況について，把握することが可能となる．さらには，評価をもとにしてフィードバックをすることにより，情報システムとその活用について改善を促すことができるようになる．そこで，仮説7を提示する．

・仮説7
　情報システムの高度活用企業は，情報システムの評価を重視し，実施も行っている．

　そして，仮説5とも関係した内容となるが，情報システムの導入，高度活用には経験の蓄積は重要な要素となる．経験を重ねることにより，情報システムの導入に際しての問題の発生を低く抑えることができるようになると考えられる．これが仮説8である．

・仮説8
　情報システムの高度活用企業は，情報システム導入の際の障壁が低い．

　以上のように，情報システムの高度活用企業では，自社の業務に合った情報システムを導入し，その評価も実施することによって，情報システムの使いやすさと品質を向上し，さらなる効果に結びつけていると考えられる．また，前述の情報システムに対するマネジメントを実施することにより，問題の発生しがちな情報システムの導入に関しても，無事に完了させていると考えられる．これらの情報システムの高度活用企業に関する仮説について，分析を実施する．

第4章
中小企業における情報システムの高度活用マネジメントの分析

第1節　分析の概要

　先行研究サーベイの結果，情報システムの高度活用をするためには，PDCAサイクルの実施と情報の活用の実施が重要であると考えられる．そこで，以下の仮説を提示した．

・仮説1
　　情報システムの高度活用企業は，情報システムの計画から導入，評価，改善のPDCAサイクルが実施できている．
・仮説2
　　情報システムの高度活用企業は，情報システムによって収集，選定した情報を活用し，経営に役立てている．

　仮説を検証するために，経済産業省による「中小企業IT経営力大賞」の受賞企業の分析をする*114．中小企業IT経営力大賞では，大賞（経済産業大臣賞），優秀賞（各共催機関長賞），特別賞，審査委員会奨励賞などの賞が設定されている．2008年から始まり，2013年まで毎年実施されており，2014年も募集が開始されている．2008年から2012年までの受賞企業に関しては，事例ピックアップという形で，情報システムの導入目的，導入した情報システム，情報システムによって得られた効果について詳細にまとめられている．これらの受賞企業から，審査委員会奨励賞以上（大賞，優秀賞，特別賞，審査委員会奨励賞）の受賞企業を対象として，PDCAサイクルの実施，情報の活用の実施の状況について分析をする．

分析は，中小企業 IT 経営力大賞の事例ピックアップに記載されている内容から，情報システムの高度活用に必要と考えられる高度活用マネジメントである，PDCAサイクルの実施，情報の活用の実施がされているかの判断をした．具体的には，PDCA サイクルは，Plan に相当する情報システムを導入するための計画が存在しているか，Do に相当する情報システムの導入がされているか，Check に相当する情報システムの評価を実施しているか，Act に相当する情報システムに対する改善が実施されているかの記述が事例ピックアップの中にそれぞれ含まれているかを検証した．情報の活用についても，3つのステップである，第1のステップ（情報の収集）に相当する情報システムによる情報の収集をしているか，第2のステップ（情報の選定）に相当する情報システムによる情報の取捨選択が行われているか，第3のステップ（情報の創出）に相当する選択された情報をもとにした活用がなされているかについての記述が事例ピックアップの中にそれぞれ含まれているかを検証した．

第2節　情報システムの高度活用企業の分析

　第1節にて検討した情報システムの高度活用マネジメントの実施について，中小企業 IT 経営力大賞を対象として分析を行う．分析結果は図表4-1の通りである．対象企業の合計などについては，図表の最後に記載されている．分析の対象企業は2008年～2012年までの中小企業 IT 経営力大賞の受賞企業のうち，審査委員会奨励賞以上（大賞，優秀賞，特別賞，審査委員会奨励賞）を受賞した83社とした．

図表4-1　情報システムの高度活用マネジメントの実施状況

項番	年度	賞	企業名	業　種 導　入　目　的	人数	売上高(億円)	PDCA	情報の活用	高度活用
1	2012	大賞	㈱メトロール 売上増大、業務スピードアップ、社員満足度の向上	製造業	97	11.76	1	1	1
2	2012	大賞	㈱小林製作所 社内の技術力・品質改善と生産性の向上	製造業	75	8.15		1	1
3	2012	大賞	㈱モトックス 顧客へのリービス向上による差別化、従業員のスキルUPで競争力を高める	卸売業	123	80.4	1	1	1

第4章　中小企業における情報システムの高度活用マネジメントの分析

項番	年度	賞	企業名	業　種	人数	売上高(億円)	PDCA	情報の活用	高度活用
				導　入　目　的					
4	2012	優秀賞	㈱印傳屋上原勇七	製造業	85	21.56	1	1	1
			顧客嗜好の変化と多様化、単品在庫管理、業務の見える化						
5	2012	優秀賞	㈱アクセス	小売業	298	33.48			
			顧客満足向上と顧客の囲い込み、および利益・財務体質の改善						
6	2012	優秀賞	まくら㈱	小売業	20	3.82	1		1
			業務効率化・業務の見える化						
7	2012	優秀賞	㈲吉花	宿泊業	43	5.82	1	1	1
			ITを活用した業務の効率化と営業経費改善、競争の激しい個人客の中でも新規客獲得						
8	2012	優秀賞	川嶋工業㈱	製造業	58	11	1	1	1
			業務の自動化と情報連携、業務コストの削減、顧客(問屋、小売店、最終顧客)満足度の向上						
9	2012	優秀賞	㈱クロスエフェクト	製造業	20	2.33		1	1
			新規顧客の獲得、業務改革、従業員の意識改革、利益構造・財務体質の改善						
10	2012	優秀賞	松月産業㈱	宿泊業	167	9.49	1	1	1
			ネットの売上強化へと営業戦略を調整、顧客満足の最大化						
11	2012	優秀賞	ミヤコテック㈱	製造業	48	8		1	1
			付加価値の創出						
12	2012	優秀賞	㈱由紀精密	製造業	15	2.1	1		1
			業態転換に伴う多品種少量生産業務プロセスへの変革						
13	2012	優秀賞	㈱西村金属	製造業	33	4.03			
			新規市場、顧客開拓						
14	2012	審査委員会奨励賞	㈱ダルク	卸売業	60	36.04	1	1	1
			・小売業からのEDI取引、高品質納品(ノー検品)、全国翌日配送要請への対応 ・新規顧客の獲得と売上・利益の増大						
15	2012	審査委員会奨励賞	㈱ミズノマシナリー	製造業	40	6.24		1	1
			・顧客対応力強化のため　・品質向上のため						

63

項番	年度	賞	企業名	業種	人数	売上高(億円)	PDCA	情報の活用	高度活用
16	2012	審査委員会奨励賞	ワークアップ㈱	小売業	18	2.27			
			・効率的に新規取引先を開拓するため ・コストを抑えながら低価格を武器に販売を拡大するため						
17	2012	審査委員会奨励賞	㈱大宣	サービス業	146	15.18	1		1
			・確実性・作業品質を高めるため ・部門間の情報共有を図るため						
18	2012	審査委員会奨励賞	ドクター・オブ・ジ・アース㈱	卸売業	4	0.5	1	1	1
			・需要の増加 ・高品質の要請 ・顧客嗜好の変化・多様化						
19	2012	審査委員会奨励賞	キングパーツ㈱	製造業	353	37.76		1	1
			業務プロセス改善 コスト削減 納期短縮						
20	2011	大賞	㈱ワイ・インターナショナル	小売業	231	50.3	1	1	1
			販売・仕入れ情報などの一元化で、業務を効率化するため 効果的な情報発信で固定客をつかみ、企業ブランドの価値を強化するため						
21	2011	大賞	㈱グルメン	小売業	424	107.55			
			効率的な物流で、サービス力を強化するため						
22	2011	優秀賞	㈱半谷製作所	製造業	170	68.73	1		1
			・業務効率化によりコストを削減するため						
23	2011	優秀賞	三洋化学工業㈱	製造業	65	28.71	1		1
			・短納期の要請に対応するため ・在庫管理レベルを向上するため ・労働時間および人員を削減するため						
24	2011	優秀賞	愛知運送㈱	運輸業	14	4.18	1	1	1
			・業務効率化と顧客サービス向上のため ・新しいビジネスモデルを成功させるため						
25	2011	優秀賞	オーリス㈱	製造業	224	42.95	1		1
			・リードタイム短縮のため ・ユーザーのニーズに応える多品種少量生産のため						
26	2011	優秀賞	十日町車検センター協業組合	運輸業	11	0.82			
			データを一括で管理して、業務を効率化するため						
27	2011	優秀賞	㈲NTB製作所	製造業	12	1.31		1	1
			・業務管理レベルを向上するため ・納品の正確性を向上するため						

第4章　中小企業における情報システムの高度活用マネジメントの分析

項番	年度	賞	企業名	業種	人数	売上高(億円)	PDCA	情報の活用	高度活用
				導　入　目　的					
28	2011	優秀賞	㈱旬材	小売業	28	5.51		1	1
			・流通システムを改善するため　・漁業者と小売業者のネットワークを構築するため						
29	2011	優秀賞	㈲大進商運	運輸業	51	6.52	1	1	1
			管理水準の向上とリスク管理の強化を目指しました						
30	2011	優秀賞	東海物産㈱	製造業	161	43.46			
			・受発注データや顧客情報の管理によって、リードタイムの短縮を図るため ・在庫や仕入れなどの管理水準を向上させ、キャッシュフローを改善するため						
31	2011	優秀賞	㈱ユニオン精密	製造業	165	28.27			
			販売や生産の情報を一括で管理し、業務を効率化するため						
32	2011	審査委員会奨励賞	㈱みらい蔵	小売業	17	7.45			
			コストの削減と商品力、サービス力の強化を目指しました						
33	2010	大賞	㈱オオクシ	サービス業	90	4.83	1	1	1
			サービス力強化、企業ブランド価値強化						
34	2010	大賞	㈱ホワイト・ベアーファミリー	サービス業	110	112.25			
			コスト削減、商品力・サービス力強化、企業ブランド価値強化						
35	2010	優秀賞	杉沢薬品㈱	小売業	43	3.6	1	1	1
			業務効率化、リスク管理の強化						
36	2010	優秀賞	マロニー㈱	製造業	169	28.5	1		1
			リスク管理の強化、企業ブランド価値強化、業務プロセス再構築						
37	2010	優秀賞	トーワエンタープライズ㈲	製造業	108	5.52	1	1	1
			業務効率化、工期短縮・スピード経営						
38	2010	優秀賞	遠赤青汁㈱	製造業	29	2.94			
			業務効率化、管理水準向上、市場開拓						
39	2010	優秀賞	鳥取県金属熱処理協業組合	製造業	30	4.45		1	1
			業務効率化、情報・ナレッジ共有						

項番	年度	賞	企業名	業種	人数	売上高(億円)	PDCA	情報の活用	高度活用
40	2010	優秀賞	岡山青果食品商業協同組合	卸売業	7	4.66	1		1
			導入目的: 業務効率化、組織活性化						
41	2010	優秀賞	㈱鍵庄	製造業	48	5.95	1		1
			導入目的: 業務効率化、企業ブランド価値強化						
42	2010	優秀賞	共栄産業㈱	サービス業	115	14.29	1		1
			導入目的: 業務効率化・生産性向上、情報・ナレッジ共有						
43	2010	優秀賞	㈲コッコファーム	製造業	118	23.52			
			導入目的: 組織活性化、市場開拓						
44	2010	審査委員会奨励賞	㈲古山鉄筋工業所	建設業	13	0.866			1
			導入目的: 業務効率化、工期短縮・スピード経営						
45	2010	審査委員会奨励賞	神稲建設㈱	建設業	201	92.21	1	1	1
			導入目的: 業務プロセス再構築、コスト削減、工期短縮・スピード経営						
46	2010	審査委員会奨励賞	㈱東振精機	製造業	471	94.32	1		1
			導入目的: 業務効率化、工期短縮・スピード経営、管理水準向上						
47	2010	審査委員会奨励賞	㈱玉家建設	建設業	99	52.27		1	
			導入目的: 商品力・サービス力強化、企業ブランド価値強化						
48	2009	大賞	㈱タガミ・イーエクス	製造業	218	84.91	1		1
			導入目的: 業務効率化、コスト削減						
49	2009	大賞	田中精工㈱	製造業	124	16.252			
			導入目的: 管理水準向上、業務効率化						
50	2009	大賞	東海バネ工業㈱	製造業	78	19.807	1	1	1
			導入目的: 業務効率化、商品力・サービス力強化						
51	2009	優秀賞	岡田鈑金㈱	製造業	71	10.1	1		1
			導入目的: 業務効率化、コスト削減						

第4章　中小企業における情報システムの高度活用マネジメントの分析

項番	年度	賞	企業名	業種 / 導入目的	人数	売上高(億円)	PDCA	情報の活用	高度活用
52	2009	優秀賞	兵神装備㈱	製造業 業務効率化、組織活性化	345	95.51	1	1	1
53	2009	優秀賞	㈱セイブクリーン	サービス業 業務効率化、コスト削減	71	5.93			
54	2009	優秀賞	㈱ジェイシーシー	飲食・宿泊業 業務効率化、コスト削減	1008	34.56			
55	2009	優秀賞	全国家庭用品卸商業協同組合	卸売業 業務効率化、商品力強化	19	207.76	1	1	1
56	2009	優秀賞	こじま事業協同組合連合会	サービス業 業務効率化、コスト削減	7	4.44	1		1
57	2009	優秀賞	㈲十和田湖高原ファーム	その他の業種 商品力・サービス力向上、企業ブランド価値強化	31	13.45	1	1	1
58	2009	優秀賞	㈱クレブ	卸売業 業務効率化、リスク管理の強化	53	15.49			1
59	2009	優秀賞	㈱イーエスプランニング	サービス業 商品力・サービス力強化	53	8.1			1
60	2009	優秀賞	ベンダ工業㈱	製造業 業務効率化、海外生産拠点との連携強化	94	39.25	1	1	1
61	2009	審査委員会奨励賞	㈱ティ・ディ・シー	製造業 業務効率化、商品力・サービス力強化	47	8.04	1	1	1
62	2009	審査委員会奨励賞	中川㈱	小売業 業務効率化、商品力・サービス力強化	28	4.69	1		
63	2009	審査委員会奨励賞	㈱三技協	情報通信業 業務効率化、組織活性化	410	100.06	1	1	1

67

項番	年度	賞	企業名	業種	人数	売上高(億円)	PDCA	情報の活用	高度活用
			導入目的						
64	2009	審査委員会奨励賞	枚岡合金工具㈱	製造業	26	2.86	1	1	1
			業務効率化、コスト削減						
65	2009	審査委員会奨励賞	㈱オーエイプロト	製造業	74	13.8	1	1	1
			業務効率化、コスト削減						
66	2008	大賞	㈱東洋ボデー	製造業	101	28.64	1	1	1
			業務効率化・生産性向上						
67	2008	大賞	㈱八幡ねじ	卸売業	298	185	1	1	1
			業務効率化・生産性向上						
68	2008	大賞	㈱ヤマサキ	製造業	55	27.9	1	1	1
			業務効率化・生産性向上						
69	2008	優秀賞	明豊ファシリティワークス㈱	建設業	115	53.71		1	1
			マネジメントの高度化、プロセスの見える化						
70	2008	優秀賞	㈱ヤマリア	製造業	135	28.9	1	1	1
			サービスの質・業務の向上						
71	2008	優秀賞	㈱堀内機械	製造業	217	47.5	1		1
			業務効率化・生産性向上						
72	2008	優秀賞	㈱アースダンボール	製造業	31	5.29	1		1
			業務効率化・生産性向上						
73	2008	優秀賞	日本ローカルネットワークシステム協同組合連合会	その他の業種	19	6.18		1	1
			情報・ナレッジ共有						
74	2008	優秀賞	日本ジャバラ工業㈱	製造業	90	25		1	1
			情報・ナレッジ共有						
75	2008	優秀賞	大津鉄工㈱	製造業	102	20.84	1	1	1
			見える化によるリアルタイム経営						

第4章 中小企業における情報システムの高度活用マネジメントの分析

項番	年度	賞	企業名	業種 導入目的	人数	売上高(億円)	PDCA	情報の活用	高度活用
76	2008	優秀賞	会宝産業㈱ 企業間連携	サービス業	46	15.2	1	1	1
77	2008	優秀賞	㈱ビッグ 新ビジネスモデル構築	不動産業	281	25.49	1	1	1
78	2008	優秀賞	㈱ホイッスル三好 マネジメントの高度化	飲食・宿泊業	899	35.6	1	1	1
79	2008	審査委員会奨励賞	千代田漬物㈱ 業務効率化・生産性向上	卸売業	21	5.82	1	1	1
80	2008	審査委員会奨励賞	㈱カワキタエクスプレス GPS	運輸業	16	3.6	1		1
81	2008	審査委員会奨励賞	㈱ツルガ 情報・ナレッジ共有	卸売業	8	2.2		1	1
82	2008	審査委員会奨励賞	㈱山本製作所 情報・ナレッジ共有	製造業	340	30.7	1	1	1
83	2008	審査委員会奨励賞	久恒衣料㈱ 業務効率化・生産性向上	小売業	175	30	1		1
合計							59	53	72
％							71.1%	63.9%	86.7%

（出所）筆者作成

第3節 結果とその解釈

　中小企業 IT 経営力大賞の事例ピックアップをもとに，情報システムの高度活用マネジメントの実施状況をまとめたのが，図表4-1情報システムの高度活用マネジメントの実施状況である．その結果から，PDCAサイクルの実施は，83社のうち59社，71.1％，情報の活用の実施は，83社のうち53社，63.9％が実

69

施している結果となった．さらに，PDCAサイクル，または情報の活用のどちらかを実施している，情報システムの高度活用企業と考えられる企業は，83社のうち72社，86.7%と非常に高い結果となった．

この結果は，自社にIT経営力があると判断し，自ら中小企業IT経営力大賞に応募しただけではなく，その中から審査委員会奨励賞以上を受賞した企業を対象として分析したことが関係していると推測される．しかしながら，中小企業IT経営力大賞の受賞企業の90%に近い企業が情報システムの高度活用企業と考えられる結果となったことは，先行研究サーベイから導き出した，PDCAサイクルの実施と情報の活用の実施の高度活用マネジメントが情報システムの高度活用のために重要な役割を果たしていることを明らかにしている．つまり，中小企業IT経営力大賞を受賞するような企業は，情報システムの高度活用マネジメントを実施している企業だということができる．以上から，仮説1の「情報システムの高度活用企業は，情報システムの計画から導入，評価，改善のPDCAサイクルが実施できている．」と仮説2の「情報システムの高度活用企業は，情報システムによって収集，選定した情報を活用し，経営に役立てている．」の2つの仮説は支持される結果となったと考えられる．

ここで，中小企業IT経営力大賞の受賞企業について分析をする．受賞企業の業種については図表4-2の通りである．業種の内訳としては，製造業が全体の約半数を占める結果となった．卸売業，小売業とサービス業に関しては，それぞれ20%前後と同程度を占める結果となった．

次に，受賞企業の社員数，売上高について分析をする．社員数と売上高の平均は図表4-3の通りである．

図表4-2　中小企業IT経営力大賞受賞企業の業種内訳

業種名	企業数	構成比率
製造業	40	48.2%
卸売業、小売業	19	22.9%
情報通信業	1	1.2%
運送業、郵便業	4	4.8%
宿泊業、飲食サービス業	4	4.8%
生活関連サービス業、娯楽業	1	1.2%
サービス業(他に分類されない)	7	8.4%
その他	7	8.4%
合計	83	100.0%

（出所）筆者作成

第4章　中小企業における情報システムの高度活用マネジメントの分析

図表4-3　中小企業IT経営力大賞受賞企業の社員数と売上高の平均

	人数	売上高
中小企業ＩＴ経営力大賞受賞企業全体	128.1人	29.0億円
PDCAサイクル実施企業	126.2人	31.3億円
情報の活用実施企業	118.5人	29.8億円
高度活用企業	116.5人	28.7億円

（出所）筆者作成

　受賞企業全体では，社員数の平均は128.1人であり，売上高は29.0億円となっている．PDCAサイクルの実施企業と情報の活用の実施企業では，受賞企業全体と比較して，大きな差ではないが，社員数は少なく，売上高は多い結果となった．これらの社員数，売上高の平均を見てみると，社員数は100人以上，売上高も30億円前後と，中小企業の中では，規模の大きな企業が対象となっていることが分かる．

　一般に情報システムを高度に活用することにより，規模の小さな企業であっても，競争優位を得るための要因となることがあると考えられている．しかし，中小企業 IT 経営力大賞の分析の結果からは，情報システムを高度に活用するために，PDCAサイクルの実施と情報の活用の実施である高度活用マネジメントを実行している企業は，概して規模の大きい中小企業であることが明らかとなった．このことは，情報システムのマネジメントには，経営資源であるヒト，モノ，カネ，情報のうち，ヒト，カネを多く費やす必要があることが関係していると推測される．

　それに対し，本研究で提案した分析枠組である，PDCAサイクルの実施，情報の活用の実施である高度活用マネジメントは，それ自体を実施することに，多くのヒト，カネを費やす必要はなく，その企業の所有している経営資源による可能な範囲から実施することができる．このことから，中小企業が情報システムを高度に活用するためには，情報システムの高度活用マネジメントが貢献すると考えられる．

　そこで，本研究では，以後，仮説１，仮説２を情報システムの高度活用のために必要な条件１，条件２として進める．

・情報システムの高度活用のために必要な条件
　条件１

情報システムの高度活用企業は，情報システムの計画から導入，評価，改善の PDCA サイクルが実施できている．
条件2
　情報システムの高度活用企業は，情報システムによって収集，選定した情報を活用し，経営に役立てている．

第5章
中小企業における情報システムの高度活用についてのクラスター分析

第1節　分析の概要

　本章では，中小企業における情報システムの高度活用について，アンケート調査をもとにクロス集計と主成分分析，クラスター分析を用いて分析をする．アンケート調査は，第1回のアンケート調査である「中小企業における情報活用力とIT化に関するアンケート調査」を分析の対象とする．

　まず，第4章において検証をした条件1である，中小企業における情報システムの計画から導入，評価，改善のPDCAサイクルの実施について，アンケート回答企業を対象にクロス集計を行い，PDCAサイクル実施企業を選び出す．続いて，条件2である，情報システムから得られた情報の活用をするための3つのステップ（第1のステップ（情報の収集），第2のステップ（情報の選定），第3のステップ（情報の創出））の実施について，アンケート回答企業を対象にクロス集計を行い，情報の活用の実施の対象企業を選び出す．これらのPDCAサイクルの実施，または情報の活用の実施のどちらかを行っている企業を情報システムの高度活用企業として分析を進める．

　次に，新規導入あるいは再構築が必要となる情報システムの導入分野についてのアンケートの設問をもとに主成分分析を実施し，第1主成分と第2主成分の主成分得点を求めた．求めた主成分得点をもとに，アンケートの回答企業全体を対象としてクラスター分析を行い，回答企業を4つのクラスターに分類する．分類結果をもとに，第4章で明らかにした情報システムの高度活用企業を組み合わせることにより，分析を実施する．本章にて検証をするのは，仮説3～仮説5である．

- 仮説3

  業務系システム導入の重視度をy軸，管理系システム導入の重視度をx軸として中小企業を分類すると下記の4つのクラスターに分類することができる．

  第1クラスター：管理系システムの導入を重視している企業（x軸のプラス方向に分布）

  第2クラスター：業務系システムを導入している企業（y軸のマイナス方向に分布）

  第3クラスター：管理系システムを導入している企業（x軸のマイナス方向に分布）

  第4クラスター：業務系システムの導入を重視している企業（y軸のプラス方向に分布）

- 仮説4

  情報システムの高度活用企業は，第1クラスター：管理系システムの導入を重視している企業と第4クラスター：業務系システムの導入を重視している企業に多く分布する．

- 仮説5

  情報システムの高度活用企業は，既に導入が進んでおり，更改による情報システムの導入が多い．

第2節　PDCAサイクル実施企業の分析

まず，情報システムの高度活用企業に必要と考えられる，情報システムの計画から導入，評価，改善のPDCAサイクルの実施についての分析を行う．第1回のアンケート調査である「中小企業における情報活用力とIT化に関するアンケート調査」の調査項目から，PDCAサイクルのそれぞれに該当する設問を抽出し，実施状況を判断した．

1．Plan（情報システム導入の計画）

本研究では，情報システムの導入・活用において，計画・方針に則り，PDCAサイクルを実施，展開できている中小企業を情報システムの高度活用企業であるとしている．そのため，ここではPDCAサイクルに関わる設問に

第5章　中小企業における情報システムの高度活用についてのクラスター分析

注視し，分析を行う．そこで，経営計画・方針等を情報システムに落とし込む作業の第一歩となる「情報化計画書の策定有無」について検証する．これはPDCAサイクルにおけるPlan（情報システム導入の計画）に相当すると考えた．結果は図表5-1のようになっている．情報システムを導入する際に，情報化計画書の策定企業は，アンケートに回答のあった778社のうち367社であり，合計で47.1%と非策定企業の48.5%とほぼ同率であった．情報化計画書を策定する企業367社のうち，自社主導で策定したのは226社，29.0%，コンサルタント主導で策定したのは141社，18.1%となった．自社で情報化計画書を策定したとする企業については，回答企業の30%程度となり，この結果は想定していたよりも高かった．

図表5-1　情報化計画書の策定

	回答社数	構成比率
自社主導で策定した	226	29.0%
コンサルタント主導で策定した	141	18.1%
策定しなかった	377	48.5%
無回答	34	4.4%
合計	778	100.0%

（出所）筆者作成

2．Do（情報システムの導入）

次に，PDCAサイクルのDo（情報システムの導入）に相当する「情報システムの導入，活用状況」について検証する．図表5-2の通り，情報化計画書を策定していると回答した367社のうち，360社，98.1%の企業が何らかの情報システムを導入しており，活用することができていると回答している．特に販売管理システムと管理会計システム，財務会計システムは導入し，活用することができていると回答している企業が80%以上と，ほとんどの中小企業においても導入されていることが分かる．在庫管理・物流システムと顧客管理，サポートシステム，社内情報共有システムについても，60%以上の中小企業が導入しており，多様な業務に対応した情報システムを導入していることが明らかとなった．全体としては，98.1%とほとんどの中小企業が，なんらかの情報システムを導入しているという結果となった．

図表5-2　情報システムの導入，活用状況

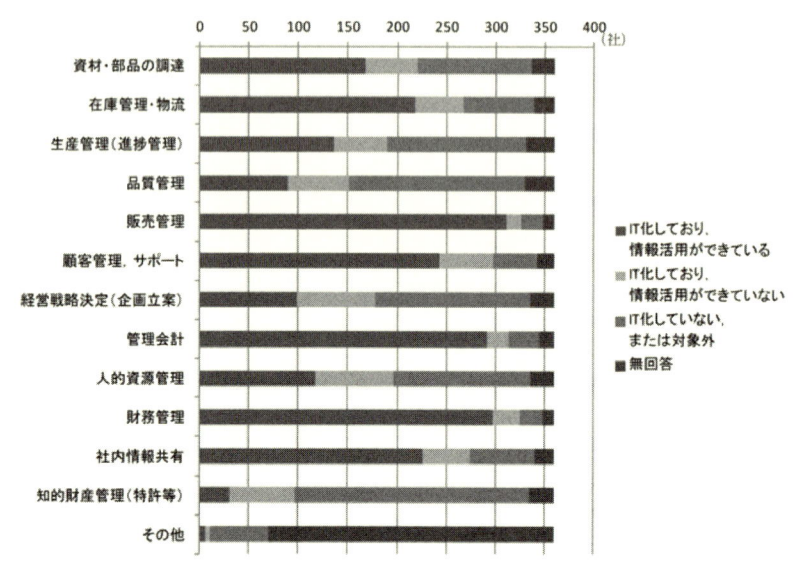

（出所）筆者作成

　資材・部品の調達システム，生産管理（進捗管理）システム，品質管理システム等は，これまでに挙げた情報システムと比較して，「IT化していない，または対象外」と回答した企業が多い．その理由として，これらの情報システムは主に製造業で必要となるものであり，他業種の企業が「IT化していない，または対象外」と回答したものと推測することができる．知的財産管理（特許等）システムに関しては，「IT化していない，または対象外」と回答した企業が360社のうち238社，66.1％と非常に多い．このことから，中小企業においては知的財産管理（特許等）といった業務は，いまだ一般化していないという傾向を読み取ることができる．最後に，経営戦略決定（企画立案）システムと人的資源管理システムに関しては，「IT化はしており，情報活用ができていない」と回答した企業が360社のうち，それぞれ79社，78社と20％以上の企業が，情報システムを導入したものの，情報活用ができていないと回答している．これには，経営戦略決定（企画立案）や人的資源管理といった情報システムから得られた情報をもとに経営の判断をするといったことに中小企業は難しさを感じていることが表れていると考えられる．

3．Check（情報システムの評価）

さらに検証を進め，PDCA サイクルの Check（情報システムの評価）に相当する「情報システムの評価の実施有無」について分析する．その結果は，図表5-3より，情報システムを活用できていると回答のあった企業の合計である360社のうち158社，43.9％が実施しているという回答が得られた．このように，中小企業においては，Plan, Do を実施している企業であっても，半数を下回る企業のみが情報システムの評価を実施しているということになる．これは，一般的に認知されている中小企業の情報システムの活用の実態とある程度一致していると考えられる．

ここで，アンケートに回答のあった企業全体では，評価を実施した企業は778社のうち，わずかに219社，28.1％である．この結果は，情報システムのマネジメントサイクルである Plan, Do と実施してきた企業と比較して明らかに低い．情報システムの導入，すなわち Do をほとんど全ての企業が行っていたことを鑑みると，計画である Plan の実施が評価の実施に影響を与えていることが推測される．情報システムの評価をするためには，自社の求める情報システムの計画が定まっていなければならない．そのことからも，PDCA サイクルの開始地点である情報システムの計画の策定は重要な役割を果たしていると考えられる．

図表5-3　情報システムの評価の実施有無

	全体 回答社数(構成比率)	PD 実施 回答社数(構成比率)
評価を実施した	219 (28.1%)	158 (43.9%)
評価を実施していない	534 (68.6%)	199 (55.3%)
無回答	25 (3.2%)	3 (0.8%)
合計	778 (99.9%)	360 (100.0%)

（出所）筆者作成

4．Act（評価に対する情報システムの改善）

最後に Check である情報システム評価を実施していると回答した158社に，その評価指標を確認した結果が図表5-4である．ここでは，評価を実施する目的の選択肢の中から，次の計画である Plan（情報システム導入の計画）に繋

図表5-4　情報システムの評価の評価実施目的

	C実施 回答社数(構成比率)	PDC実施 回答社数(構成比率)
1. 投資対効果の把握	26 (11.9%)	20 (12.7%)
2. システムの安全性、信頼性の維持向上	37 (16.9%)	27 (17.1%)
3. 社員の満足度・活用力の向上による業務品質の向上	78 (35.6%)	65 (41.1%)
4. 情報化計画(戦略)の実現、実効性の確認	33 (15.1%)	22 (13.9%)
5. ビジネスのやり方や手順の改革の推進	25 (11.4%)	12 (7.6%)
6. その他	3 (1.3%)	1 (0.6%)
無回答	17 (7.8%)	11 (7.0%)
合　計	219 (100.0%)	158 (100.0%)

(出所) 筆者作成

がる選択肢を「評価指標」として採用した．その理由は，アンケートの設問が択一の形式であるため，評価を実施する目的において，Planに繋がる回答をした企業では，何らかの改善を実施していると考えられることによる．改善であるAct（評価に対する情報システムの改善）として採用した評価指標は「1. 投資対効果の把握」，「4.情報化計画（戦略）の実現・実効性の確認」，「5.ビジネスのやり方や手順の改革の推進」とした．これらの選択肢を回答している企業は，情報システムの活用を経営における方針の一部としていると考えられることから，Actとして採用した．それに対し，「2.システムの安全性・信頼性の維持向上」は，情報システムの維持・管理のみに関わる改善であり，「3.社員の満足度・活用力の向上による業務品質の向上」も情報システムの使いやすさの向上に閉じた改善である．そのことから，Actの選択肢としては採用しなかった．

以上より，評価を実施していると回答した158社のうち，54社，34.2%がActに相当する「評価指標」を回答している結果が得られた．これまでの分析より，中小企業における情報システムにおけるPDCAサイクルの実施についてまとめた表が図表5-5である．

意外な結果と捉えているが，「3.社員の満足度・活用力の向上による業務品質の向上」が最も回答の多い結果となった．一方，PDCAサイクルのActに

第5章　中小企業における情報システムの高度活用についてのクラスター分析

図表5-5　情報システムの評価の評価実施目的

	全　体 回答社数(構成比率)	PDC 実施 回答社数(構成比率)
PDCA サイクルを実施 PDCA サイクルを未実施	54　(6.9%) 724 (93.1%)	54　(34.2%) 104 (65.8%)
合　　計	778 (100.0%)	158 (100.0%)

(出所) 筆者作成

相当する回答であるとして採用した「1.投資対効果の把握」、「4.情報化戦略（計画）の実現・実効性の確認」、「5.ビジネスのやり方や手順の改革の推進」について見てみると，この3つの回答の合計で約35%となる．このことから，PDCA サイクルのうち Plan, Do, Check まで実施している企業は，比較的に Act である改善まで行われている傾向があることが明らかとなった．また，評価をする目的の設問が評価の実施を前提とした設問であることから，Check である評価のみを実施した企業数との比較をした．しかし，評価，すなわち Check を実施している企業数と Plan, Do を実施し，かつ Check も実施している企業数との間に大きな差が見られないことから，結果も概して同じ傾向を示している．

　これまでの分析により，中小企業における PDCA サイクル実施のうち Check に相当する「情報システム評価」の実施が，情報システムのマネジメントを実施する上で，高い障壁となっていることが明らかになった．また，情報システムのマネジメントサイクルである PDCA サイクルを実施している中小企業は，アンケートに回答のあった778社のうち，54社，わずかに6.9%であることが明らかとなった．

第3節　情報の活用企業の分析

　次に，中小企業における情報システムの高度活用企業に必要と考えられる，情報システムから得た情報の活用についての分析を行う．情報の活用をするためには，第1のステップ（情報の収集），第2のステップ（情報の選定），第3のステップ（情報の創出）の3つのステップがあり，第1回のアンケート調査である「中小企業における情報活用力と IT 化に関するアンケート調査」の調査項目から，それぞれのステップに対応した設問に対して，実施できている

かの判断を行い，情報の活用レベルを明らかにする．

1．第1のステップ（情報の収集）

本研究では，情報システムから得られた情報の活用の実態について，情報システムから得た情報の活用の3つのステップに対応したアンケート調査票の設問の回答に着目し，分析を行った．情報システムから得られた情報を活用するための第1のステップは，情報の収集である．アンケートの設問において，IT化と情報活用状況について「IT化をしており，情報活用ができている」と回答した企業について，情報システムから情報を得られているとみなし，情報収集ができていると判断した．

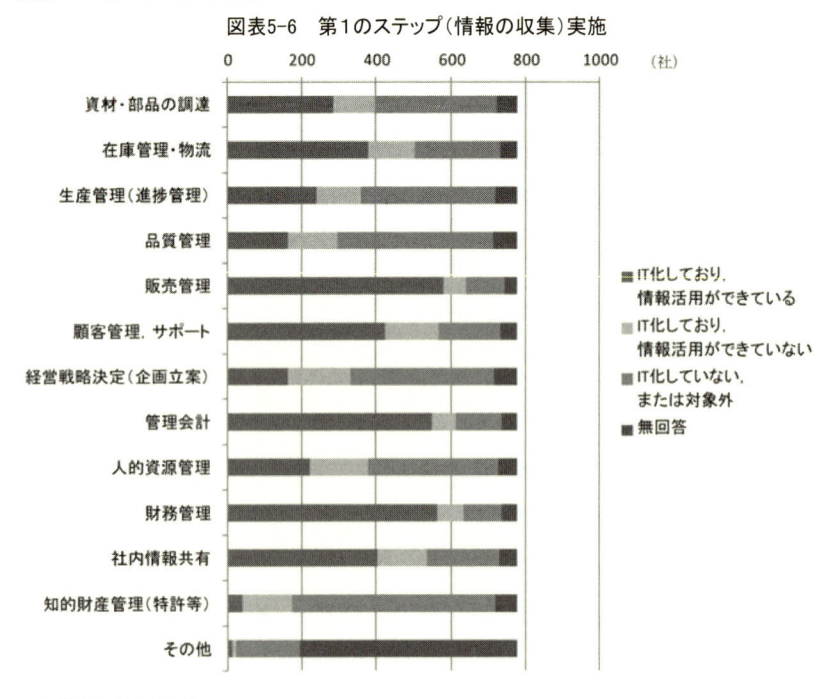

図表5-6 第1のステップ（情報の収集）実施

（出所）筆者作成

その結果は図表5-6の通りとなっている．アンケートに回答のあった778社のうち，実に732社，94.1%が何らかの情報システムを導入しており，情報シス

第5章　中小企業における情報システムの高度活用についてのクラスター分析

テムを全く導入していないと回答した企業はわずかに5.9％の46社である．このことから，中小企業においても情報システムの導入が広く進展していることが分かる．また，何らかの情報システムを導入しているものの，導入した全ての情報システムにおいて情報活用ができていないと回答している企業は21社，2.7％となっている．その他，情報システムを全く導入していないと回答した企業はわずかに17社，2.2％である．このように，アンケートに回答した中小企業の大半を占める732社，94.1％が，何らかの用途で情報システムを導入し，情報活用ができていると認識していることが分かる．

２．第２のステップ（情報の選定）

次に，第２のステップである情報の選定が実施されているのかについて検証を進める．情報の選定に対応した設問である，情報システムから得られた情報を用いた，社内や顧客と打ち合わせや会議の実施状況についての回答結果は図表5-7の通りである．この情報システムから得られた情報を用いた打ち合わせや会議の頻度を５段階に分けた設問に対し，「5.定期的（日・週次）に実施」，「4.定期的（月次）に実施」と回答している企業を情報の選定が実施されていると判断した．その結果は，第１のステップである情報の収集の実施企業である732社のうち347社，44.5％である．つまり，中小企業においての自社の認識としては，情報システムから得られた情報を活用できていると回答してはいるが，実態としては，得られた情報をもとに打ち合わせ会議を行うといったことは半数程度の企業しか実施していないということができる．以上より，意味を

図表5-7　第２のステップ(情報の選定)実施

	全 体 回答社数(構成比率)	第１ステップ実施 回答社数(構成比率)
１．実施していない	202 (26.0%)	185 (25.3%)
２．年に１回実施	25 (3.2%)	22 (3.0%)
３．年に数回実施	175 (22.5%)	164 (22.4%)
４．定期的（月次）に実施	282 (36.2%)	278 (38.0%)
５．定期的（日・週次）に実施	69 (8.9%)	69 (9.4%)
無回答	25 (3.2%)	14 (1.9%)
合　計	778 (100.0%)	732 (100.0%)

(出所) 筆者作成

発見するといったプロセスを，半数の企業は実施できていないことが判明した．

　第2のステップである情報の選定の実施企業数についてまとめたものが図表5-8である．第1のステップである情報の収集は778社のうち732社，94.1％が実施していたことから，アンケート回答企業全体と第1のステップ実施企業で，回答の傾向に大きな差は見られない．また，アンケート回答企業全体と第1のステップ実施企業のどちらも共通して，約25％の企業が情報システムから得られた情報を用いた，社内や顧客と打ち合わせや会議を実施していない．つまり，情報システムから得られた情報を全く活用していないということになる．情報システムを活用することによって情報は収集されるようになる．収集された情報には，経営に役立つ様々な情報が含まれている．しかしながら，それを活用するつもりが全くない企業が約25％も存在していることから，中小企業における情報の活用は，まだ途上であり，活用する意識もそれほど進んでいないと推測される．

図表5-8　第2のステップ（情報の選定）の実施企業

	全　体 回答社数（構成比率）	第1ステップ実施 回答社数（構成比率）
第2のステップ（情報の選定）を実施 第2のステップ（情報の選定）を未実施	351　（45.1％） 427　（54.9％）	347　（47.4％） 385　（52.6％）
合　計	778　（100.0％）	732　（100.0％）

（出所）筆者作成

3．第3のステップ（情報の創出）

　最後に，第2のステップである情報の選定をもとに，情報を具体的に活用する創出を行う第3のステップの結果について分析する．情報の創出に対応した設問である情報システムから得られた情報を自社の経営に活用できているかについての結果は，図表5-9の通りである．情報システムから得られた情報を自社の経営に活用できているのかとした5段階の設問に対し，「5.非常に活用できている」，「4.よく活用ができている」と回答している企業を情報の創出ができていると判断した．情報の創出ができていると考えられる企業は，第2のステップである情報の選定の実施企業である347社のうち，134社，38.6％である．情報システムから得られた情報をもとに，比較的頻繁に定期的な会議や打ち合

第5章　中小企業における情報システムの高度活用についてのクラスター分析

図表5-9　第3のステップ（情報の創出）実施

	全　体 回答社数（構成比率）	第2ステップ実施 回答社数（構成比率）
1．全く活用できていない	38　（ 4.9%）	1　（ 0.3%）
2．あまり活用できていない	190　（24.4%）	37　（10.7%）
3．まあまあ活用できている	347　（44.6%）	175　（50.4%）
4．よく活用できている	129　（16.6%）	91　（26.2%）
5．非常に活用できている	50　（ 6.4%）	43　（12.4%）
無回答	24　（ 3.1%）	―
合　計	778　（100.0%）	347　（100.0%）

（出所）筆者作成

　わせを行っていると回答した企業であっても，情報システムから得られた情報を自社の経営に活用するといった情報の創出を実施できている企業は半数以下であることが分かる．さらに，アンケートに回答した企業全体では，4分の1を下回る23.0%の企業のみが情報システムから得られた情報を活用していると回答している．このことからも，情報システムから得られた情報を加工し，情報から新たな価値を作り出すといった情報の創出は，中小企業においてはあまり活発に行われていないということが明らかとなった．

　図表5-9を見てみると，アンケート回答企業全体では「1.全く活用できていない」，「2.あまり活用できていない」と回答している企業は，778社のうち228社，29.3%と30%近い企業が情報の創出を行っていない．それに対し，第1のステップである情報の収集，第2のステップである情報の選定を実施している企業では，「1.全く活用できていない」，「2.あまり活用できていない」と回答している企業は，347社のうち38社，11.0%である．アンケート回答企業全体と比較して，第1のステップである情報の収集，第2のステップである情報の選定を実施している企業の方が，情報システムから得られた情報を活用していない企業の割合が明らかに少ないことが分かった．

　このように，情報から価値を創造する3つのステップである，情報の収集，情報の選定，情報の創出が実施できている企業は，図表5-10より，アンケート回答企業である778社のうち134社，17.2%となる結果となった．この結果から，中小企業における情報システムから得られた情報の活用は，いまだ発展段階であり，情報活用を実施できている企業は限られているという実態が明らかにな

った．中小企業における情報システムの活用は，自動化・効率化・省力化といった段階に留まり，得られた情報を経営に活用するといった情報から価値を創造する3つのステップは概して実践されてはいないということが明らかとなった．

図表5-10　第3のステップ（情報の創出）の実施企業

	全　体 回答社数（構成比率）	第2ステップ実施 回答社数（構成比率）
第3のステップ（情報の創出）を実施 第3のステップ（情報の創出）を未実施	179　（23.0％） 599　（77.0％）	134　（38.6％） 213　（61.4％）
合　　計	778　（100.0％）	347　（100.0％）

（出所）筆者作成

第4節　情報システムの高度活用企業の分析

ここでは，アンケートの回答企業は，情報システムの高度活用ができているのかについて分析を行う．本研究において，情報システムの高度活用企業は，条件1である「情報システムの高度活用企業は，情報システムの計画から導入，評価，改善のPDCAサイクルが実施できている．」，または，条件2である「情報システムの高度活用企業は，情報システムによって収集，選定した情報を活用し，経営に役立てている．」のうち，どちらかを実施していると考える．

アンケート結果を検証してみると，PDCAサイクルを実施できている中小企業は，778社のうち54社，6.9％と非常に少ないことが明らかとなった．この結果から，中小企業においては，情報システムの活用を促進するためのマネジメントサイクルの実施はほとんど実行できていないということができる．

情報の活用ができていると考えられる中小企業に関しても，778社のうち134社，17.2％とPDCAサイクルの実施企業と比較して3倍近い企業が実施しているが，アンケート回答企業全体と比較すると17.2％と20％に満たない企業数である．以上により，一般的な認識の通り，中小企業は，概して情報システムから得られた情報を活用することができていないということができる．

次に，PDCAサイクルの実施企業と情報の活用の実施企業の分析で得られた結果から，どちらかの施策を実施している企業を導出することにより，情報システムの高度活用企業を明らかにする．その結果は図表5-11の通り，アンケ

第5章　中小企業における情報システムの高度活用についてのクラスター分析

図表5-11　情報システムの高度活用企業

	回答社数	高度活用実施企業数	構成比率
PDCAサイクル実施企業 情報の活用実施企業	54 134	171	22.0%
合　計	778	―	―

（出所）筆者作成

ート回答企業全体の778社のうち171社の22.0％であった．情報システムそのものの品質を上げるための PDCA サイクルの実施，そして，情報システムから得られた情報を効果的に活用するための情報の活用の実施と，情報システムを高度に活用するためには，2通りの施策が存在する．より効果的に活用するためには，そのどちらの施策も実施するに越したことはない．しかしながら，アンケートの結果からも分かる通り，概して情報システムの活用が遅れている中小企業においては，PDCA サイクルの実施，情報の活用の実施のどちらかの実施もあまり進んでいないのが実情である．中小企業においては，PDCA サイクルの実施と比較して，情報の活用の実施の方が多く行われているという結果となった．

　情報システムの高度活用企業が明らかになったところで，高度活用企業について，アンケート回答企業全体との比較分析をする．まず，情報システムを積極的に活用するために社員に対して研修や勉強会を行っているかについて5段階に分けた設問に対し，「5.定期的に（ほぼ毎月）行っている」，「4.定期的に（年数回）行っている」と回答した企業は，情報システムを積極的に活用するために社員の教育を行っていると判断した．

　この設問では図表5-12にある通り，社員に対する情報システムの研修，勉強会を「1.行っていない」とした高度活用企業は171社のうち261社，15.2％であり，アンケート回答企業全体の778社のうち250社，32.1％と比較して，約半分の割合の結果となった．また，高度活用企業では社員に対する情報システムの研修，勉強会を「5.定期的に（ほぼ毎月）行っている」と回答した企業は171社のうち3社，1.8％とアンケート回答企業全体の778社のうち7社，0.9％と比較して，わずかではあるが割合の多い結果となった．それに続く「4.定期的に（年に数回）行っている」企業が171社のうち21社，12.3％とアンケート回答企業全体の778社のうち50社，6.4％と比較して2倍近く多い．

図表5-12　社員に対する情報システムの研修，勉強会

	全　体 回答社数（構成比率）	高度活用 実施企業数（構成比率）
1. 行っていない	250　(32.1%)	26　(15.2%)
2. システムの導入、再構築、 　 拡張、変更があった際に都度	413　(53.1%)	111　(64.9%)
3. 年に1回程度行っている	32　(4.1%)	10　(5.8%)
4. 定期的に（年に数回）行っている	50　(6.4%)	21　(12.3%)
5. 定期的に（ほぼ毎月）行っている	7　(0.9%)	3　(1.8%)
無回答	26　(3.3%)	
合　計	778　(99.9%)	171　(100.0%)

（出所）筆者作成

図表5-13　今後の情報システムの活用目的

	全　体 回答社数（構成比率）	高度活用 実施企業数（構成比率）
1. 意思決定・経営判断の支援ツールとして	123　(15.8%)	45　(26.3%)
2. 新製品の開発、新事業の展開	19　(2.4%)	4　(2.3%)
3. 業務の合理化・標準化・スピード化	353　(45.4%)	71　(41.5%)
4. 業務に関わるコストや製品価格の低減	32　(4.1%)	5　(2.9%)
5. 顧客の管理、分析	72　(9.3%)	13　(7.6%)
6. 販売チャネルの拡大	20　(2.6%)	6　(3.5%)
7. 取引先とのコミュニケーションの円滑化	11　(1.4%)	1　(0.6%)
8. 金融機関・取引先からの要請	2　(0.3%)	1　(0.6%)
9. 社員の意識の向上、情報共有	54　(6.9%)	12　(7.0%)
10. その他	5　(0.6%)	1　(0.6%)
無回答	87　(11.2%)	12　(7.0%)
合　計	778　(100.0%)	171　(99.9%)

（出所）筆者作成

　次に今後，どのような目的で情報システムを活用して行くことが最も重要と考えているのかについて検証し，将来，導入する情報システムの目的を明らかにする．情報システムを高度に活用するためには，単に情報システムを導入すれば良い訳ではなく，より効果に繋がるような活用目的を選択する必要があると考えられる．効果に繋がる活用目的としては，図表5-13より「1．意思決定・経営判断の支援ツールとして」，「2．新商品の開発・新事業の展開」，「5．顧客の管理，分析」，「6．販売チャネルの拡大」，「7．取引先とのコミュニケーシ

ョンの円滑化」,「9. 社員の意識の向上・情報共有」をあげることができる.これらの活用目的を選択した企業は,情報システムをさらに活用する意識があると考えられる.他方,「3. 業務の合理化・標準化・スピード化」,「4. 業務に関わるコストや製品価格の低減」,「8. 金融機関・取引先からの要請」といった活用目的は,情報システムを現状のまま活用する,または消極的に省力化,効率化といった目的で活用するといった意識であると考えられる.

この設問では,図表5-13の通りの結果となった.「1.意思決定・経営判断の支援ツールとして」に関しては,アンケート回答企業全体の778社のうち123社,15.8%が活用目的としているのに対し,高度活用企業では171社のうち45社,26.3%と多くの企業が今後の情報システムの活用目的として重要だと考えていることが明らかになった.「3. 業務の合理化・標準化・スピード化」に関しては,アンケート回答企業全体の778社のうち353社,45.4%が活用目的としているのに対し,高度活用企業では171社のうち71社,41.5%である.

最後に,今後,3年〜5年以内を目安に,新規導入あるいは再構築が必要な情報システムについて検証する.結果は,図表5-14と図表5-15の通りである.図表5-14は,アンケート回答企業全体の回答であり,図表5-15は,情報システムの高度活用企業の回答である.図表5-14の結果と図表5-15の結果を比較した

図表5-14　今後,新規導入あるいは再構築が必要となる情報システム(全体)

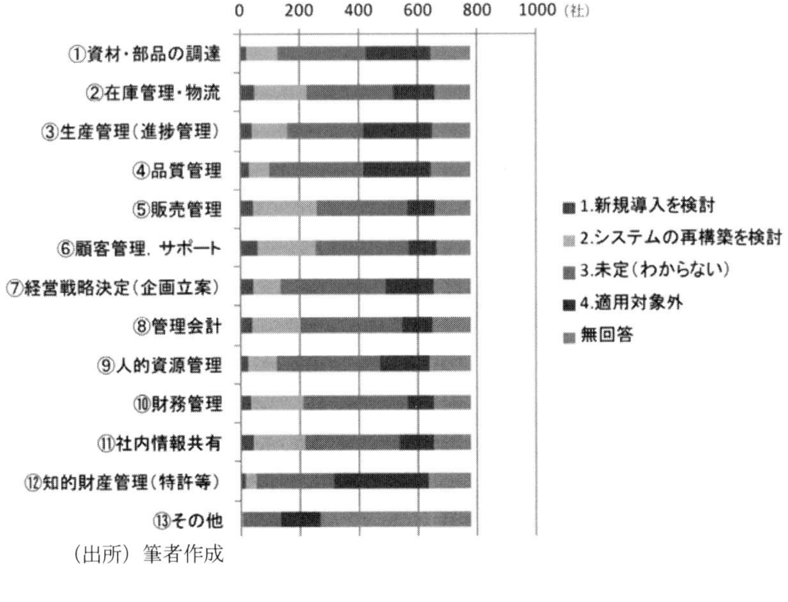

(出所)筆者作成

図表5-15　今後，新規導入あるいは再構築が必要となる情報システム（高度活用企業）

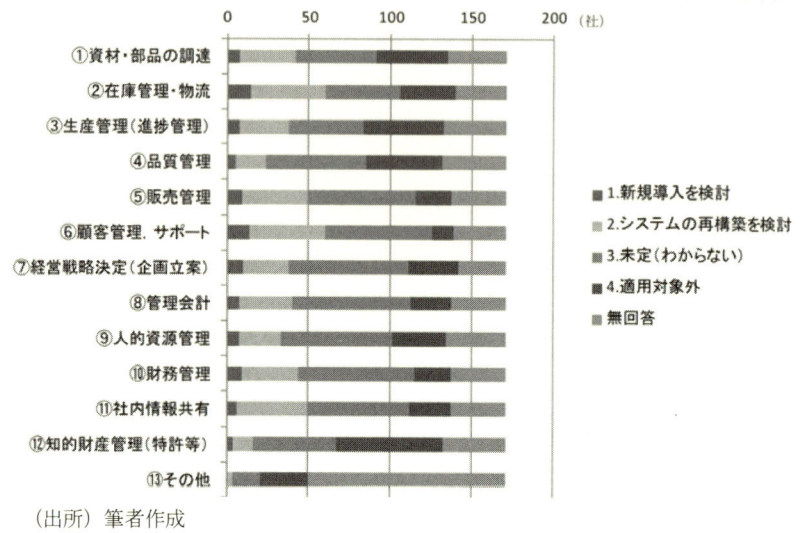

① 資材・部品の調達
② 在庫管理・物流
③ 生産管理（進捗管理）
④ 品質管理
⑤ 販売管理
⑥ 顧客管理，サポート
⑦ 経営戦略決定（企画立案）
⑧ 管理会計
⑨ 人的資源管理
⑩ 財務管理
⑪ 社内情報共有
⑫ 知的財産管理（特許等）
⑬ その他

■ 1.新規導入を検討
■ 2.システムの再構築を検討
■ 3.未定（わからない）
■ 4.適用対象外
■ 無回答

（出所）筆者作成

ところ，全般的には顕著な差は見られない．しかし，適用した業務ごとに結果を見てみると，いくつかの相違点が明らかとなった．

⑥顧客管理，サポートシステムについて，「2.システム再構築を検討」としている企業に関しては，情報システムの高度活用企業の方が多い．アンケート回答企業全体では，778社のうち194社，24.9％であった．それに対し，情報システムの高度活用企業では，171社のうち46社，26.9％が今後，3年～5年以内に「2.システム再構築を検討」している．

続いて，情報システムを導入する際に外部の企業や専門家に，相談や支援を依頼したかについて検証をする．図表5-16より，「0.依頼をしなかった」とした中小企業は，アンケート回答企業全体では，778社のうち342社，44.0％，情報システムの高度活用企業では，171社のうち71社，41.5％であった．このように，「0.依頼をしなかった」と回答をした企業に関してほとんど違いは見られなかった．同様に，外部の企業や専門家に，相談や支援を依頼した項目に関しても，アンケート回答企業全体と情報システムの高度活用企業では，大きな差異は見られなかった．

次に，情報システムを導入する際に受けた外部支援の内容についての検証をする．該当の設問は，情報システムを導入する際に外部支援を受けたと回答し

第5章　中小企業における情報システムの高度活用についてのクラスター分析

図表5-16　情報システム導入の際の外部支援者

	全体 回答社数(構成比)	高度活用 実施企業数(構成比)
0. 依頼をしなかった	342 (44.0%)	71 (41.5%)
1. 公的機関及び公的機関の派遣した専門家	7 (0.9%)	1 (0.6%)
2. 金融機関	2 (0.3%)	1 (0.6%)
3. コンサルタント企業	31 (4.0%)	9 (5.3%)
4. 大手ITベンダー	74 (9.5%)	21 (12.3%)
5. 中小ITベンダー	144 (18.5%)	36 (21.1%)
6. その他企業・機関	26 (3.3%)	3 (1.8%)
7. 中小企業診断士	4 (0.5%)	―
8. 税理士・公認会計士	48 (6.2%)	10 (5.8%)
9. ITコーディネーター	15 (1.9%)	5 (2.9%)
10. 情報処理技術者	21 (2.7%)	4 (2.3%)
11. その他専門家	9 (1.2%)	―
無回答	55 (7.1%)	10 (5.8%)
合　計	778 (100.1%)	171 (100.0%)

(出所) 筆者作成

た企業に対して設定をした．アンケート回答企業全体778社のうち，情報システムを導入する際に外部支援を受けたと回答した企業は381社，49.0%，情報システムの高度活用企業171社のうち，外部支援を受けたと回答した企業は90社，52.6%である．その結果は図表5-17の通りとなった．

図表5-17　情報システム導入の際に受けた外部支援

	全体 回答社数(構成比)	高度活用 実施企業数(構成比)
1. 他社事例や最新技術動向の情報提供や比較検討の助言	119 (31.2%)	32 (35.6%)
2. 業務分析等により、問題点等の洗い出しや必要となるデータの抽出	136 (35.7%)	37 (41.1%)
3. 自社のビジネスの最適化(ビジネスの方法や手順に関わる再精査)の提案	141 (37.0%)	46 (51.1%)
4. 経営分析と情報化戦略の立案	48 (12.6%)	17 (18.9%)
5. 上記のような支援は受けず、当社の要求を伝え、ITベンダーの紹介や即導入を依頼	91 (23.9%)	18 (20.0%)
6. その他	13 (2.6%)	1 (1.1%)
全　体	381	90

(出所) 筆者作成

「1.他社事例や最新技術動向の情報提供や比較検討の助言」，「5.上記のような支援は受けず，当社の要求を伝え，ITベンダーの紹介や即導入を依頼」に関しては，アンケート回答企業全体と情報システムの高度活用企業の回答に大きな差は見られない．これは，外部から支援を受けない，あるいは助言程度の支援を求める企業の割合には大きな違いはないということができる．それに対し，「2.業務分析等により，問題点等の洗い出しや必要となるデータの抽出」，「3.自社のビジネスの最適化（ビジネスの方法や手順に関わる再精査）の提案」，「4.経営分析と情報化戦略の立案」に関しては，高度活用企業の方が多く支援を受けている結果となった．このように，業務分析やビジネスの最適化，経営分析などの専門的知識を要求する内容に関しては，情報システムの高度活用企業の方が外部支援を受けている．このことは，情報システムの導入に際して，高度活用企業では，自社の人材で実施可能なことと外部支援を頼まなければならないことの切り分けがされていることを推測することができる．つまり，情報システムを導入する際に，何をしなければいけないのかが分かっているからこそ，外部支援を依頼していると考えることができる．

第5節　主成分分析とクラスター分析

　第4節までは，第1回のアンケート調査である「中小企業における情報活用力とIT化に関するアンケート調査」を対象として，クロス集計によりPDCAサイクルの実施と情報の活用の実施をしている情報システムの高度活用企業を導出し，アンケート回答企業全体と比較することにより，その傾向を明らかにした．続いて，主成分分析とクラスター分析を用いることにより，アンケート回答企業を4つのグループに分類し，仮説3～仮説5の検証を実施する．
　情報システムを効果的に活用する上で，実態からベストプラクティスを知ることは重要である．それと同様に，今後の導入計画を知ることも重要である．中小企業にとって，情報システムを導入し，活用するための負担は小さくない．限られた資源を有効に情報システムに投入するためにも，どの分野の情報システムに注力するといった計画は大きな意味を持つ．そこで，情報システムの新規導入あるいは再構築が必要となる分野についての設問を対象に主成分分析を行う．主成分分析を行った結果から，第1主成分と第2主成分を選び出し，情報システムの新規導入あるいは再構築が必要となる分野の総合的特性を抽出す

第5章　中小企業における情報システムの高度活用についてのクラスター分析

る．次に第1主成分と第2主成分の主成分得点をもとにクラスター分析を実施し，アンケート回答企業を4つのクラスターに分類する．

　ここで，主成分分析とクラスター分析で用いるモデルについて概説する．主成分分析によって抽出される第1主成分と第2主成分の総合的特性がそれぞれx軸，y軸となる．導入する，あるいは再構築する必要がある情報システムの分野を抽出することから，x軸を管理系システム重視度，y軸を業務系システム重視度と想定する．これは，製造業などでは業務系システムが重視され，サービス業などでは管理系システムが重視されるなど，業種によって重視する情報システムの分野が異なると考えられることから推測した．業務系システムと管理系システムの例は図表5-18の通りである．

図表5-18　代表的な情報システム

業務系システム	（1）資材・部品の調達 （2）在庫管理・物流 （3）生産管理（進捗管理） （4）品質管理 （5）販売管理
管理系システム	（6）顧客管理・サポート （7）経営戦略決定（企画立案） （8）管理会計 （9）人的資源管理 （10）財務管理 （11）社内情報共有 （12）知的財産管理（特許等）

（出所）筆者作成

　これらのx軸，y軸をもとに4つのクラスターが図表5-19の通りに分布すると考えられる。それぞれのクラスターの属性は以下の通りであると想定する．クラスターはx軸の正方向に分布するものを第1クラスターとし，そこから時計回りに第2クラスター，第3クラスター，第4クラスターとする．
　第1クラスター：管理系システムの導入を重視している企業
　　情報システムの適用分野の中では，管理系システムの活用を重視している企業のクラスター．管理系システムに注力をする計画であることから，卸売業・小売業やサービス業における高度活用企業がこのクラスターに分類されるのではないかと考えられる．
　第2クラスター：業務系システムを導入している企業

情報システムの適用分野の中では，業務系システムを導入するに留まっている企業のクラスター．導入はしているが，高度な活用には至っていない，あるいは活用できていない企業がこのクラスターに分類されるのではないかと考えられる．製造業に限らず，卸売業・小売業，サービス業が想定される．
第3クラスター：管理系システムを導入している企業
　情報システムの適用分野の中では，管理系システムを導入するに留まっている企業のクラスター．導入はしているが，高度な活用には至っていない，あるいは活用できていない企業がこのクラスターに分類されるのではないかと考えられる．第2クラスター：業務系システム導入企業群と同様に，製造業に限らず，卸売業・小売業，サービス業が想定される．
第4クラスター：業務系システムの導入を重視している企業
　情報システムの適用分野の中では，業務系システムの活用を重視している企業のクラスター．業務系システムに注力をする計画であることから，製造業，卸売業・小売業における高度活用企業がこのクラスターに分類されるのではないかと考えられる．

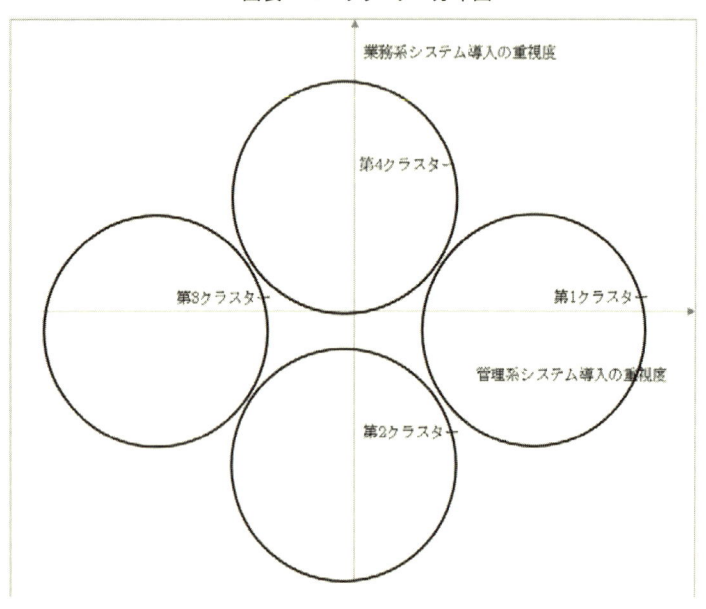

図表5-19　クラスター分布図

（出所）筆者作成

第5章　中小企業における情報システムの高度活用についてのクラスター分析

　上記の4つに分類されたクラスターの中では，「第1クラスター：管理系システムの導入を重視している企業」と「第4クラスター：業務系システムの導入を重視している企業」に情報システムの高度活用企業が分類されると考えられる．それに対して，「第2クラスター：業務系システムを導入している企業」と「第3クラスター：管理系システムを導入している企業」は，情報システムを導入しているのみの企業，または効果的に活用することができていない企業が分類されると考えられる．

　まず，総合的特性と主成分得点を求めるために，アンケート調査での情報システムの新規導入あるいは再構築が必要となる分野についての設問を対象に主成分分析を行う．設問からは，業務系システムの①資材・部品の調達～⑥顧客管理，サポート，管理系システムの⑦経営戦略決定(企画立案)～⑫知的財産管理(特許等)を対象とする．⑬その他は対象の情報システムが自由回答となることから，分析の対象外とする．また，アンケートでは回答の順が「1.新規導入を検討」，「2.システムの再構築を検討」，「3.未定(分からない)」，「4.適用対象外」となっているが，重視している順に数値を大きくするために「1.適用対象外」，「2.未定(分からない)」，「3.新規導入を検討」，「4.システムの再構築を検討」と順番を並べ替えている．その理由として，「3.新規導入を検討」はまだ対象の適用分野の情報システムを導入していないのに対して「4.システムの再構築を検討」は既に導入済であり，更改の検討であることから，「4.システムの再構築を検討」の数値を大きくした．

第6節　結果とその解釈

　回答の順番を並べ替えたアンケート結果をもとに主成分分析[115]を行った結果は図表5-20，図表5-21の通りである．
　ここで，第1主成分と第2主成分から，係数の大きな変数を選び出す．選び出した情報システムの適用分野は図表5-20のグレーアウトをした数値である．第1主成分は，⑧管理会計，⑩財務管理，②在庫管理・物流，⑪社内情報共有，⑤販売管理，⑥顧客管理・サポート，⑨人的資源管理，⑦経営戦略決定(企画立案)を総合した変数であり，会計システムや在庫管理・物流システム，販売管理システムなどの在庫管理や売上管理といった営業に関わる分野が対象であることから，「営業重視度」と名付けた．第2主成分は，①資材・部品の調達，④品質管理，③生産管理(進捗管理)を総合した変数であり，調達システムや品

図表5-20　主成分分析の結果(分散)

成分	初期の固有値			抽出後の負荷量平方和		
	合　計	分散の%	累積%	合　計	分散の%	累積%
1	5.162	44.2	44.2	5.162	44.2	44.2
2	1.501	12.9	57.1	1.501	12.9	57.1
3	1.143	9.8	66.8			
4	.744	6.4	73.2			
5	.623	5.3	78.5			
6	.529	4.5	83.1			
7	.445	3.8	86.9			
8	.402	3.4	90.3			
9	.340	2.9	93.2			
10	.313	2.7	95.9			
11	.275	2.4	98.3			
12	.202	1.7	100.0			

因子抽出法：主成分分析（分散共分散行列）
計算はSPSS21.0を使用して実施
（出所）筆者作成

図表5-21　主成分分析の結果(成分行列)

	成　分	
	1	2
⑧管理会計	.759	−.365
⑩財務管理	.747	−.368
②在庫管理・物流	.714	.281
⑪社内情報共有	.705	−.136
⑤販売管理	.701	−.186
⑥顧客管理・サポート	.649	−.341
⑨人的資源管理	.638	−.156
⑦経営戦略決定（企画立案）	.633	−.141
①資材・部品の調達	.602	.501
④品質管理	.557	.527
⑫知的財産管理（特許等）	.472	.176
③生産管理（進捗管理）	.620	.624
固有値	5.162	1.501
寄与率	44.2	12.9
累積寄与率	44.2	57.1

因子抽出法：主成分分析（分散共分散行列）
計算はSPSS21.0を使用して実施
（出所）筆者作成

第５章　中小企業における情報システムの高度活用についてのクラスター分析

質管理システム，生産管理システムなどの調達や生産管理といった製造に関わる分野が対象であることから，「製造重視度」と名付けた．これをもとに，x軸を営業重視度，y軸を製造重視度とした．仮説では，x軸を管理系システム重視度，y軸を業務系システム重視度と想定していたが，主成分分析の結果から，業務系システム，管理系システムのように情報システムの適用分野を総合した形によって第１主成分と第２主成分が分かれるのではなく，情報システムの使われ方を総合した形によって分かれていることが明らかとなった．この２つの総合的特性である，x軸の営業重視度，y軸の製造重視度からアンケート回答企業のそれぞれについて主成分得点を求めた．今後，分析には，x軸の営業重視度，y軸の製造重視度を使用する．

次に，図表 5-20，図表5-21で求めた主成分に対する主成分得点を回帰法によって求め，得られた主成分得点をもとに，クラスター分析によってアンケート回答企業全体を分類する．クラスター分析は，間隔の測度に平方ユークリッド距離を使用し，クラスター化にWard法を使用した．非類似度を6で切断した結果，4つのクラスターに分類された．分類された結果を用いて，2つの主成分得点を軸とする散布図上に示すと図表5-22 のようになる．また，クラスターごとにアンケート回答企業を集計した結果が図表5-23 である．

クラスター分析の結果，分類した各クラスターについて検証を実施する．図表5-23より，欠損値を除いたクラスター分析の対象企業はアンケート回答企業全体の778社のうち596社となった．また，情報システムの高度活用企業では，クラスター分析の対象企業は171社のうち120社となった．

第１クラスターから第４クラスターまでの各クラスターに分類された企業数を比較すると，アンケート回答企業全体と情報システムの高度活用企業では，分布が異なっていることが分かる．アンケート回答企業全体では，第２クラスターと第３クラスターに596社のうち409社，68.6％と70％近くの企業が集中する結果となった．特に第３クラスターには310社，52.0％と半数以上の企業が分類されている．情報システムの高度活用企業では，第２クラスターと第３クラスターに120社のうち71社，59.2％とアンケート回答企業全体と比較して少ない企業が分類されている．第３クラスターに関しては，60社，50.0％とアンケート回答企業全体と大きな違いは見られなかった．

「第２クラスター：業務系システムを導入している企業」と「第３クラスター：管理系システムを導入している企業」は，情報システムを導入しているのみの企業，または効果的に活用することができていない企業が分類されると考

図表5-22 クラスター分析の結果

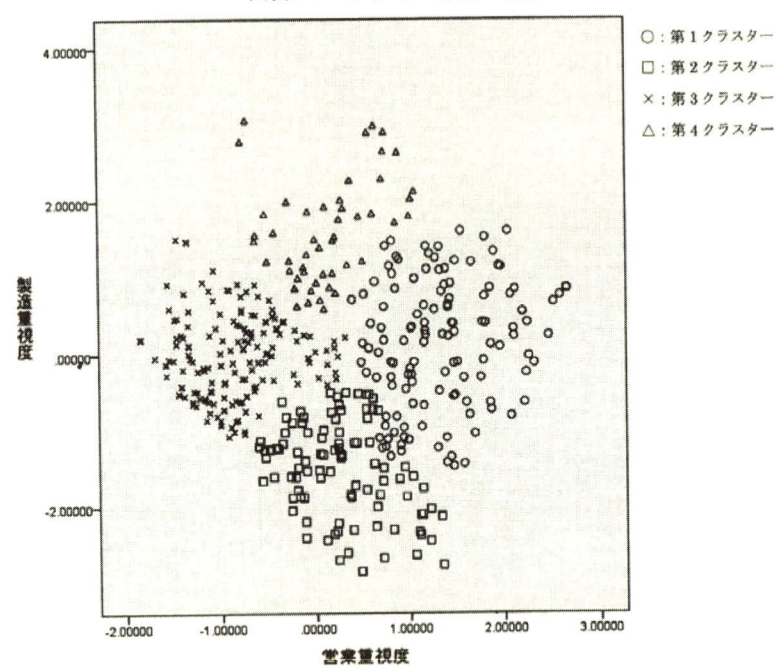

○：第1クラスター
□：第2クラスター
×：第3クラスター
△：第4クラスター

(縦軸：製造重視度、横軸：営業重視度)

横軸は第1主成分（営業重視度）に対する主成分得点，縦軸は第2主成分（製造重視度）に対する主成分得点である．主成分得点の計算は回帰法によった．クラスター化は，平方ユークリッド距離を測度としたWard法によった．
主成分分析，クラスター分析ともSPSS 21.0を使用して実施
（出所）筆者作成

図表5-23 クラスター分析の結果(表)

	全 体 回答社数(構成比率)	高度活用 実施企業数(構成比率)	高度活用/全体 (構成比率)
第1クラスター	134 (23.9%)	32 (26.7%)	23.9%
第2クラスター	99 (16.6%)	11 (9.2%)	11.1%
第3クラスター	310 (52.0%)	60 (50.0%)	19.4%
第4クラスター	53 (8.9%)	17 (14.2%)	32.1%
合 計	596 (100.0%)	120 (100.0%)	—

（出所）筆者作成

第5章　中小企業における情報システムの高度活用についてのクラスター分析

えた．上記の点について検証をすると，アンケート回答企業全体の68.6%と70%近くの企業が分類され，なおかつ情報システムの高度活用企業では59.2%と分類された割合が少ない．第2クラスターに分類された企業と高度活用企業の構成比率をみると，99社のうち11社，11.1%であり，第3クラスターに分類された企業と高度活用企業の構成比率も，310社のうち60社，19.4%である．これらの結果は，アンケート回答企業全体である778社のうち高度活用企業は171社，22.0%，クラスター分析の対象企業では596社のうち高度活用企業は120社，20.1%とした全体の平均よりも低い結果となっている．このことからも，情報システムを導入しているのみの企業，または効果的に活用することができていない企業が分類されるとした仮説4を支持する結果となった．

さらに第1クラスターと第4クラスターについて見る．アンケート回答企業全体では，第1クラスターは596社のうち134社，23.9%，第4クラスターは596社のうち53社，8.9%といった結果となった．それに対し，情報システムの高度活用企業では，第1クラスターは120社のうち32社，26.7%，第4クラスターは120社のうち17社，14.2%と，アンケート回答企業と比較して，多くの企業がそれぞれのクラスターに分類されている．

「第1クラスター：管理系システムの導入を重視している企業」と「第4クラスター：業務系システムの導入を重視している企業」は，情報システムの高度活用企業が分類されると考えた．この点についても検証をすると，第1クラスターに分類された134社のうち32社，23.9%，第4クラスターに分類された53社のうち17社，32.1%が高度活用企業となった．以上により，情報システムの高度活用企業の方が第1クラスター，第4クラスターに分類された企業が多いことから，仮説4を支持する結果となった．

各クラスターに分類された企業数についての分析に続いて，業種についての分析を進める．業種については，1.製造業，2.卸売業・小売業，3.情報通信業，4.運送業・郵便業，5.宿泊業・飲食サービス業，6.生活関連サービス業・娯楽業，7.サービス業（他に分類されない）として集計しているが，全体的な業種の傾向を見るために，ここでは3.情報通信業，4.運送業・郵便業，5.宿泊業・飲食サービス業，6.生活関連サービス業・娯楽業，7.サービス業（他に分類されない）を統合し，サービス業として結果を集計する．

クラスター分析の対象とした596社の業種の内訳と，情報システムの高度活用企業での業種の内訳は図表5-24の通りである．アンケート回答企業全体と比較して，卸売業・小売業では情報システムの高度活用企業の方が比率の高い結

図表5-24 クラスター分析 業種の分類

	全体 回答社数(構成比率)	高度活用 実施企業数(構成比率)	高度活用/全体 (構成比率)
製造業	242 (40.6%)	44 (36.7%)	18.2%
卸売業・小売業	180 (30.2%)	46 (38.3%)	25.6%
サービス業	174 (29.2%)	30 (25.0%)	17.2%
合 計	596 (100.0%)	120 (100.0%)	―

(出所) 筆者作成

図表5-25 クラスターごとの業種の分類

	全体 回答社数(構成比率)	高度活用 実施企業数(構成比率)	高度活用/全体 (構成比率)
製造業(第1クラスター)	77 (57.5%)	15 (46.9%)	19.5%
卸売業・小売業(第1クラスター)	38 (28.4%)	15 (46.9%)	39.5%
サービス業(第1クラスター)	19 (14.2%)	2 (6.3%)	10.5%
計(第1クラスター)	134 (100.0%)	32 (100.0%)	―
製造業(第2クラスター)	14 (14.1%)	0 (0.0%)	―
卸売業・小売業(第2クラスター)	40 (40.4%)	7 (63.6%)	17.5%
サービス業(第2クラスター)	45 (45.5%)	4 (36.4%)	8.9%
計(第2クラスター)	99 (100.0%)	11 (100.0%)	―
製造業(第3クラスター)	115 (37.1%)	18 (30.0%)	15.7%
卸売業・小売業(第3クラスター)	94 (30.3%)	21 (35.0%)	22.3%
サービス業(第3クラスター)	101 (32.6%)	21 (35.0%)	20.8%
計(第3クラスター)	310 (100.0%)	60 (100.0%)	―
製造業(第4クラスター)	36 (67.9%)	11 (64.7%)	30.6%
卸売業・小売業(第4クラスター)	8 (15.1%)	3 (17.6%)	37.5%
サービス業(第4クラスター)	9 (17.0%)	3 (17.6%)	33.3%
計(第4クラスター)	53 (100.0%)	17 (100.0%)	―
合 計	596 (100.0%)	120 (100.0%)	―

(出所) 筆者作成

果となっている．さらに業種ごとの情報システムの高度活用企業をみると，ここでも，業種全体での比率と比較して，卸売業・小売業での比率が高いことが

第5章　中小企業における情報システムの高度活用についてのクラスター分析

分かる．

　次にクラスターごとの業種の分類を見る．結果は図表5-25の通りとなった．クラスターごとに業種を分類すると，分布にかなりの偏りが見られる．第1クラスターでは134社のうち77社，57.5%が製造業である．第2クラスターでは99社のうち45社，45.5%がサービス業である．第4クラスターでは53社のうち36社，67.9%が製造業である．唯一，第3クラスターのみがアンケート回答企業全体の比率と同様の傾向を示す結果となった．

　ここで，主成分分析によって求めたx軸の営業重視度，y軸の製造重視度として，第1クラスターから第4クラスターまでの各クラスターの名称を考える．

第1クラスター：高度活用営業重視企業
　①第1クラスターに分類された中小企業は，情報システムの高度活用企業と考えられる企業の比率が高い．
　②販売に力を入れている製造業が多い．
　③販売システムなどを重視しているが，卸売業・小売業で分類されている企業は少ない．
　④卸売業・小売業で分類されている企業は少ないが，その中での情報システムの高度活用企業の占める割合は高い．

　以上から，「第1クラスター：高度活用営業企業」と名付けることができる．仮説では「管理系システムの導入を重視している企業」として，サービス業における情報システムの高度活用企業がこのクラスターに分類されると考えたが，実際にはサービス業で分類された企業は少なく，卸売業・小売業の高度活用企業が多く分類される結果となった．

第2クラスター：非製造企業
　①第2クラスターに分類された中小企業では，情報システムの高度活用企業と考えられる企業の比率は低い．
　②製造重視度が低い企業が分類されることから，業種は卸売業・小売業，サービス業が中心である．
　③製造業，サービス業での高度活用企業の比率が非常に低い．

　以上から，「第2クラスター：非製造企業」と名付けることができる．仮説では「業務系システムを導入している企業」として，製造業を中心として，卸売業・小売業，サービス業も分類されると考えたが，実際は卸売業・小売業，

サービス業が中心として分類される結果となった．また，情報システムを導入はしているが，高度な活用には至っていない，あるいは活用できていない企業が分類されるとした点については，仮説の通りの結果となった．

第3クラスター：中小企業の平均企業
　①第3クラスターに分類された中小企業は，クラスター分析の対象企業の約半数と非常に多い．
　②クラスター分析の対象企業の平均を表しているクラスター．
　③情報システムの高度活用企業の比率はあまり高くはない．
　以上から，「第3クラスター：中小企業の平均企業」と名付けることができる．概ねクラスター分析の対象企業の平均的な結果が体現されている．情報システムを導入はしているが，高度な活用には至っていない，あるいは活用できていない企業が分類されるとした点については，仮説の通りの結果となった．また、業種に関しては，製造業，卸売業・小売業，サービス業のそれぞれが想定通りに分類される結果となった．

第4クラスター：高度活用製造重視企業
　①第4クラスターに分類された中小企業は，情報システムの高度活用企業と考えられる企業の比率が高い．
　②製造重視度が高い企業が分類されることから，製造業の占める割合が高い．
　③第4クラスターに分類された卸売業・小売業，サービス業は，高度活用企業と考えられる企業の比率が高い．
　以上から，「第4クラスター：高度活用製造重視企業」と名付けることができる．仮説での業務系システムの活用ではなく製造重視ではあるが，情報システムの高度活用企業と考えられる企業が分類される結果となった．また，卸売業・小売業の企業だけではなく，サービス業の企業も分類されているが，これらの企業は，製造重視度が0近辺にほとんどの企業が配置される結果となった．

　以上の通り，仮説3の第1クラスターから第4クラスターまでに分布する企業の特徴に関しては，概ね仮説を支持する結果となった．ただし，主成分分析によって求められたx軸，y軸が，業務系システム導入の重視度や管理系システム導入の重視度といった単純な分類ではなく，営業重視度と製造重視度といった業務に関わる分類となったことから，分析結果をもとに各クラスターの名

第5章　中小企業における情報システムの高度活用についてのクラスター分析

称を改めて付与した．以後の分析では，新たに付与した各クラスターの名称を使用する．

最後に，第1クラスターから第4クラスターに分類された中小企業ごとに，情報システムの導入，活用状況についてアンケートの設問をもとに分析をする．情報システムを高度に活用するためには，現在のビジネスのやり方や手順を情報システムにそのまま置き換えて導入すれば良いという訳ではない．ときには業務を分析し，効率の良い形に業務のフローを修正し，情報システムに合わせた形でビジネスのやり方や手順を変更する必要がある．そうすることで，情報システムはより効果を発揮することになる．そこで，情報システムの導入時に，それまでのビジネスのやり方や手順を変更したのかについて設問を設定した．その結果は，図表5-26の通りである．

図表5-26　ビジネスのやり方，手順変更

	全　体 回答社数 （構成比率）	高度活用 実施企業数 （構成比率）	高度活用 /全体 （構成比率）
1. 自社主導で大幅（組織や人員配置含む）に変えた（第1クラスター）	11 (8.2%)	9 (28.1%)	(81.8%)
2. 自社主導でやや（利用部門で対応できる範囲）変えた（第1クラスター）	65 (48.5%)	15 (46.9%)	(23.1%)
3. コンサルタント主導で大幅に変えた（第1クラスター）	0 (0.0%)	0 (0.0%)	―
4. コンサルタント主導でやや変えた（第1クラスター）	5 (3.7%)	2 (6.3%)	(40.0%)
5. ITベンダー主導で大幅に変えた（第1クラスター）	1 (0.7%)	0 (0.0%)	―
6. ITベンダー主導でやや変えた（第1クラスター）	11 (8.2%)	1 (3.1%)	(9.1%)
7. あまり変えなかった（変わらなかった）（第1クラスター）	37 (27.6%)	4 (12.5%)	(10.8%)
無回答	4 (3.0%)	1 (3.1%)	―
計（第1クラスター）	134 (100.0%)	32 (100.0%)	―
1. 自社主導で大幅（組織や人員配置含む）に変えた（第2クラスター）	4 (4.0%)	3 (27.3%)	(75.0%)
2. 自社主導でやや（利用部門で対応できる範囲）変えた（第2クラスター）	43 (43.4%)	4 (36.4%)	(9.3%)
3. コンサルタント主導で大幅に変えた（第2クラスター）	0 (0.0%)	0 (0.0%)	―
4. コンサルタント主導でやや変えた	7	0	

(第2クラスター)	(7.1%)	(0.0%)	—
5. ITベンダー主導で大幅に変えた	2	0	
(第2クラスター)	(2.0%)	(0.0%)	—
6. ITベンダー主導でやや変えた	4	1	
(第2クラスター)	(4.0%)	(9.1%)	(25.0%)
7. あまり変えなかった（変わらなかった）	32	2	
(第2クラスター)	(32.3%)	(18.2%)	(6.3%)
無回答	7	1	
	(7.1%)	(9.1%)	—
計（第2クラスター）	99	11	
	(100.0%)	(100.0%)	
1. 自社主導で大幅（組織や人員配置含む）	15	6	
に変えた（第3クラスター）	(4.8%)	(10.0%)	(40.0%)
2. 自社主導でやや（利用部門で対応できる	136	32	
範囲）変えた（第3クラスター）	(43.9%)	(53.3%)	(23.5%)
3. コンサルタント主導で大幅に変えた	2	0	
(第3クラスター)	(0.6%)	(0.0%)	—
4. コンサルタント主導でやや変えた	5	0	
(第3クラスター)	(1.6%)	(0.0%)	—
5. ITベンダー主導で大幅に変えた	5	1	
(第3クラスター)	(1.6%)	(1.7%)	(20.0%)
6. ITベンダー主導でやや変えた	18	3	
(第3クラスター)	(5.8%)	(5.0%)	(16.7%)
7. あまり変えなかった（変わらなかった）	111	15	
(第3クラスター)	(35.8%)	(25.0%)	(13.5%)
無回答	18	3	
	(5.8%)	(5.0%)	
計（第3クラスター）	310	60	
	(100.0%)	(100.0%)	
1. 自社主導で大幅（組織や人員配置含む）	6	2	
に変えた（第4クラスター）	(11.3%)	(11.8%)	(33.3%)
2. 自社主導でやや（利用部門で対応できる	26	11	
範囲）変えた（第4クラスター）	(49.1%)	(64.7%)	(42.3%)
3. コンサルタント主導で大幅に変えた	0	0	
(第4クラスター)	(0.0%)	(0.0%)	—
4. コンサルタント主導でやや変えた	0	0	
(第4クラスター)	(0.0%)	(0.0%)	—
5. ITベンダー主導で大幅に変えた	2	0	
(第4クラスター)	(3.8%)	(0.0%)	—
6. ITベンダー主導でやや変えた	4	1	
(第4クラスター)	(7.5%)	(5.9%)	(25.0%)
7. あまり変えなかった（変わらなかった）	13	3	
(第4クラスター)	(24.5%)	(17.6%)	(23.1%)
無回答	2	0	
	(3.8%)	(0.0%)	

第 5 章　中小企業における情報システムの高度活用についてのクラスター分析

計(第4クラスター)	53 (100.0%)	17 (100.0%)	
合　　計	596 (100.0%)	120 (100.0%)	

(出所）筆者作成

　数は少ないが，第 1 クラスター：高度活用営業重視企業，第 4 クラスター：高度活用製造重視企業において，「1.自社主導で大幅（組織や人員配置を含む）に変えた」とした企業の割合が比較的に多い結果となっている．第 1 クラスター：高度活用営業重視企業では134社のうち11社，8.2％，第 4 クラスター：高度活用製造重視企業では53社のうち 6 社，11.3％である．この結果は，クラスター分析による情報システムの高度活用企業の分布と一致している．さらに，高度活用企業をみると，第 1 クラスター：高度活用営業重視企業では32社のうち 9 社，28.1％，第 4 クラスター：高度活用製造重視企業では17社のうち 2 社，11.8％である．高度活用企業のみをみると，第 1 クラスター：高度活用営業重視企業では全体と結果が一致しているが，第 4 クラスター：高度活用製造重視企業では一致していない．これは，第 4 ：高度活用製造重視企業に分類された高度活用企業の数が少ないことも一因であると考えられる．以上から，情報システムの高度活用企業は，情報システムを導入する際に自社主導でビジネスのやり方や手順を変えている傾向があるということができる．

　さらに，第 2 クラスター：非製造企業，第 3 クラスター：中小企業の平均企業において，「7.あまり変えなかった（変わらなかった）」とする企業の割合が多いことも分かる．第 2 クラスター：非製造企業では99社のうち32社，32.3％，第 3 クラスター：中小企業の平均企業では310社のうち111社，35.8％である．このことから，情報システムを導入しているのみの企業，または効果的に活用することができていない企業は，情報システムを導入する際に自社主導でビジネスのやり方や手順をあまり変えていないということができる．

　また，各クラスターの約半数の企業が「自社主導でやや(利用部門で対応できる範囲)変えた」と回答をしていることからも，情報システムを導入する際のビジネスのやり方や手順を変える際には，自社が主導していることが分かる．これは，ビジネスのやり方や手順を変えるということが，企業にとっては大きな変化であることから，外部支援者であるコンサルタントや IT ベンダーが主

導をすると反発が大きいからではないかと推測される．情報システムを導入する企業が主導してビジネスのやり方や手順を変更することによって，情報システムの導入をスムーズにしていると考えられる．

次に，情報システムの投資評価実施において，最も難しい点，または評価を実施していない，最大の理由について分析をする．情報システムを高度に活用するためには，導入した情報システムをそのまま利用するだけではなく，評価を行い，その効果について把握することが重要である．しかしながら，情報システムの効果を正確に測定することは，非常に難しい．そこで，情報システムの評価について，各クラスターが抱えている問題点について明らかにする．その結果は，図表5-27の通りである．

図表5-27　評価の難しい点，評価を実施していない理由

	全　体 回答社数 (構成比率)	高度活用 実施企業数 (構成比率)	高度活用 /全体 (構成比率)
1. 導入後に得られた利益が情報システムによるものか，それ以外か判断できない(第1クラスター)	24 (17.9%)	9 (28.1%)	(37.5%)
2. 情報システムの導入期間を区切ることが難しい(常に，通年を通して情報システムの改善を行っている)(第1クラスター)	12 (9.0%)	5 (15.6%)	(41.7%)
3. 適切な評価手法が見当たらない(第1クラスター)	32 (23.9%)	4 (12.5%)	(12.5%)
4. 情報システムを評価できる適任者がいない(第1クラスター)	19 (14.2%)	2 (6.3%)	(10.5%)
5. 評価をしている時間がない(第1クラスター)	7 (5.2%)	0 (0.0%)	―
6. 情報システムは数値化評価ができない(客観的な評価ができない)(第1クラスター)	18 (13.4%)	5 (15.6%)	(27.8%)
7. 情報システムを評価するものと認識していない(第1クラスター)	11 (8.2%)	4 (12.5%)	(36.4%)
8. その他(第1クラスター)	3 (2.2%)	0 (0.0%)	―
無回答	8 (6.0%)	3 (9.4%)	(37.5%)
計(第1クラスター)	134 (100.0%)	32 (100.0%)	―
1. 導入後に得られた利益が情報システムによるものか，それ以外か判断できない(第2クラスター)	27 (27.3%)	5 (45.5%)	(18.5%)
2. 情報システムの導入期間を区切ることが難しい(常に，通年を通して情報システムの改善を行っている)(第2クラスター)	7 (7.1%)	1 (9.1%)	(14.3%)

第5章　中小企業における情報システムの高度活用についてのクラスター分析

3. 適切な評価手法が見当たらない （第2クラスター）	18 (18.2%)	1 (9.1%)	(5.6%)
4. 情報システムを評価できる適任者がいない （第2クラスター）	11 (11.1%)	1 (9.1%)	(9.1%)
5. 評価をしている時間がない （第2クラスター）	2 (2.0%)	0 (0.0%)	
6. 情報システムは数値化評価ができない （客観的な評価ができない）（第2クラスター）	14 (14.1%)	1 (9.1%)	(7.1%)
7. 情報システムを評価するものと認識していない （第2クラスター）	11 (11.1%)	0 (0.0%)	
8. その他 （第2クラスター）	2 (2.0%)	0 (0.0%)	
無回答	7 (7.1%)	2 (18.2%)	(28.6%)
計（第2クラスター）	99 (100.0%)	11 (100.0%)	―
1. 導入後に得られた利益が情報システムによるものか、それ以外か判断できない（第3クラスター）	54 (17.4%)	17 (28.3%)	(31.5%)
2. 情報システムの導入期間を区切ることが難しい（常に、通年を通して情報システムの改善を行っている）（第3クラスター）	22 (7.1%)	11 (18.3%)	(50.0%)
3. 適切な評価手法が見当たらない （第3クラスター）	75 (24.2%)	14 (23.3%)	(18.7%)
4. 情報システムを評価できる適任者がいない （第3クラスター）	24 (7.7%)	0 (0.0%)	(0.0%)
5. 評価をしている時間がない （第3クラスター）	16 (5.2%)	2 (3.3%)	(12.5%)
6. 情報システムは数値化評価ができない （客観的な評価ができない）（第3クラスター）	39 (12.6%)	4 (6.7%)	(10.3%)
7. 情報システムを評価するものと認識していない （第3クラスター）	51 (16.5%)	6 (10.0%)	(11.6%)
8. その他 （第3クラスター）	12 (3.9%)	4 (6.7%)	(33.3%)
無回答	17 (5.5%)	2 (3.3%)	(11.8%)
計（第3クラスター）	310 (100.0%)	60 (100.0%)	―
1. 導入後に得られた利益が情報システムによるものか、それ以外か判断できない（第4クラスター）	8 (15.1%)	1 (5.9%)	(12.5%)
2. 情報システムの導入期間を区切ることが難しい（常に、通年を通して情報システムの改善を行っている）（第4クラスター）	7 (13.2%)	4 (23.5%)	(57.1%)
3. 適切な評価手法が見当たらない （第4クラスター）	19 (35.8%)	5 (29.4%)	(26.3%)
4. 情報システムを評価できる適任者がいない	3	1	

（第4クラスター）	(5.7%)	(5.9%)	(33.3%)
5. 評価をしている時間がない	1	0	
（第4クラスター）	(1.9%)	(0.0%)	―
6. 情報システムは数値化評価ができない	7	4	
（客観的な評価ができない）（第4クラスター）	(13.2%)	(23.5%)	(57.1%)
7. 情報システムを評価するものと認識していない	3	1	
（第4クラスター）	(5.7%)	(5.9%)	(33.3%)
8. その他	2	0	
（第4クラスター）	(3.8%)	(0.0%)	―
無回答	3	1	
	(5.7%)	(5.9%)	
計（第4クラスター）	53	17	
	(100.0%)	(100.0%)	
合　計	596	120	―
	(100.0%)	(100.0%)	

（出所）筆者作成

　情報システムの高度活用企業が多いと考えられる第1クラスター：高度活用営業重視企業においては，「2.情報システムの導入期間を区切ることが難しい（常に，通年を通して情報システムの改善を行っている）」と回答している企業が134社のうち12社，9.0%と他のクラスターよりわずかに多い結果となった．これは，第1クラスター：高度活用営業重視企業では，情報システムを積極的に活用し，常に改善を行っていることを表している．同様に情報システムの高度活用企業が多いと考えられる第4クラスター：高度活用製造重視企業においては，「3.適切な評価手法が見当たらない」と回答した企業が53社のうち19社，35.8%と他のクラスターと比較して多い．このことから，高度活用企業が多いと考えられる第4クラスター：高度活用製造重視企業ではあるが，第1クラスター：高度活用営業重視企業と比べると，情報システムを活用している実態に差があると考えられる．特に評価に関しては，消極的であることが分かった．

　情報システムを導入しているのみの企業，または効果的に活用することができていない企業と考えられる第2クラスター：非製造企業では，「1.導入後に得られた利益が情報システムによるものか，それ以外か判断できない」と回答した企業が99社のうち27社，27.3%である．この課題は，情報システムを導入している企業の全てが経験することになる．しかしながら，適切な評価手法を用いることにより，納得のいく評価結果を得ることができる．そのことから，第2クラスター：非製造企業では，適切な評価手法を選択するまでに至ってい

第5章　中小企業における情報システムの高度活用についてのクラスター分析

ないということができる．第3クラスター：中小企業の平均企業では，「7.情報システムを評価するものと認識していない」が310社のうち51社，16.5%と他のクラスターと比較して回答した企業が多い結果となった．つまり，第3クラスター：中小企業の平均企業においては，情報システムは導入するのみで，そこからの改善活動をほとんど行っていないということができる．情報システムは導入した時点では，改善の余地が非常に多い．より高度に活用をするためには，改善点を見極め，情報システムに反映させる必要がある．しかしながら，第3クラスター：中小企業の平均企業では，その機会を自ら失っている企業が多いということができる．

　このように，中小企業における情報システムの投資評価については，積極的に進められないままに留まっており，全般的に課題が残っていると考えられる．

　続いて，情報システム部門に相当する専門部署もしくは専任者を設けているかの設問から，情報システムの管理体制について検証する．これまでにも述べてきた通り，情報システムは導入するだけで終わりではなく，その後の維持，管理も重要である．それを担うのが情報システム部門に相当する専門部署もしくは専任者である．しかし，中小企業の体制上，専門部署，専任者を配置することは難しい場合もある．それでも，他部署が兼任するなどして，情報システムの担当者を配置することが望ましいと考えられる．結果は図表5-28の通りである．

図表5-28　情報システムの専門部署の設置

	全　体 回答社数 （構成比率）	高度活用 実施企業数 （構成比率）	高度活用 /全体 （構成比率）
1. 専門部署を設けている 　（第1クラスター）	21 (15.7%)	9 (28.1%)	(42.9%)
2. 他部署が兼任している 　（第1クラスター）	40 (29.9%)	13 (40.6%)	(32.5%)
3. 設けていない 　（第1クラスター）	69 (51.5%)	9 (28.1%)	(13.0%)
無回答	4 (3.0%)	1 (3.1%)	(25.0%)
計（第1クラスター）	134 (100.0%)	32 (100.0%)	
1. 専門部署を設けている 　（第2クラスター）	14 (14.1%)	2 (18.2%)	(14.3%)

2. 他部署が兼任している （第2クラスター）	22 (22.2%)	2 (18.2%)	(9.1%)
3. 設けていない （第2クラスター）	63 (63.6%)	7 (63.6%)	(11.1%)
無回答	0 (0.0%)	0 (0.0%)	―
計（第2クラスター）	99 (100.0%)	11 (100.0%)	
1. 専門部署を設けている （第3クラスター）	44 (14.2%)	12 (20.0%)	(27.3%)
2. 他部署が兼任している （第3クラスター）	53 (17.1%)	16 (26.7%)	(30.2%)
3. 設けていない （第3クラスター）	210 (67.7%)	31 (51.7%)	(14.8%)
無回答	3 (1.0%)	1 (1.7%)	(33.3%)
計（第3クラスター）	310 (100.0%)	60 (100.0%)	
1. 専門部署を設けている （第4クラスター）	5 (9.4%)	1 (5.9%)	(20.0%)
2. 他部署が兼任している （第4クラスター）	16 (30.2%)	8 (47.1%)	(50.0%)
3. 設けていない （第4クラスター）	32 (60.4%)	8 (47.1%)	(25.0%)
無回答	0 (0.0%)	0 (0.0%)	―
計（第4クラスター）	53 (100.0%)	17 (100.0%)	
合　計	596 (100.0%)	120 (100.0%)	

（出所）筆者作成

　想定した通り，各クラスターで専門部署，専任者を設けている中小企業は15％程度と多くはない．第4クラスター：高度活用製造重視企業のみが9.4％と他のクラスターと比較して低い結果となった．続いて，他部署が兼任している場合について検証する．情報システムの高度活用企業と考えられる第1クラスター：高度活用営業重視企業では，134社のうち40社，29.9％，第4クラスター：高度活用製造重視企業では53社のうち16社，30.2％が情報システム部門を

第5章　中小企業における情報システムの高度活用についてのクラスター分析

他部署が兼任していると回答をしている．情報システム部門を設けていない企業に関しては，第1クラスター：高度活用営業重視企業のみが134社のうち69社，51.5％と60％を下回る結果となった．

次に情報システムの高度活用企業における各クラスターについてみる．専門部署を設けている企業は，第4クラスター：高度活用製造重視企業を除いて18％以上の企業が設けていると回答している．ここで，情報システムを担当する部署が存在しているかを検証するために，専門部署を設けている企業と他部署が兼任している企業の合計を比較してみる．情報システムの高度活用企業と考えられる第1クラスター：高度活用営業重視企業では，32社のうち22社，68.7％，第4クラスター：高度活用製造重視企業では17社のうち9社，53.0％の企業が情報システムを担当する部署が存在していると回答している．それに対し，第2クラスター：非製造企業では，11社のうち4社，36.4％，第3クラスター：中小企業の平均企業では，60社のうち28社，46.7％が情報システムを担当する部署が存在していると回答している．つまり，第2クラスター：非製造企業と第3クラスター：中小企業の平均企業では，約半数の企業において，情報システムの担当者がいないまま導入，活用がされていることが分かった．

このように，中小企業において，専任の情報システム部門は一般的には設けられていないことが明らかとなった．その数は兼任の情報システム部門であっても多くはない．このように，情報システムに関わる体制を構築できないことが，情報システムの高度活用に大きな影響を与えていると考えられる．

さらに，情報システムを利用する社員について，どのような知識や能力が不足していると感じるかとした設問から，情報システムをどのように活用したいかを明らかにする．その結果は図表5-29の通りである．

図表5-29　社員に不足している知識や能力

	全体 回答社数 （構成比率）	高度活用 実施企業数 （構成比率）	高度活用 ／全体 （構成比率）
1.ソフトウエア・PCの操作知識（活用知識） 　（第1クラスター）	53 (39.6%)	12 (37.5%)	(22.6%)
2.ハードウエアや通信に関する技術知識 　（第1クラスター）	47 (35.1%)	11 (34.4%)	(23.4%)
3.自社システムの機能やデータ収集に係る知識 　（第1クラスター）	48 (35.8%)	10 (31.3%)	(20.8%)
4.情報システムで得られるデータを分析，評価する 　知識（第1クラスター）	77 (57.5%)	13 (40.6%)	(16.9%)
5.分析結果を実際に事業に活かす意欲やスキル	74	17	

（第1クラスター）	(55.2%)	(53.1%)	(23.0%)
6.その他	6	0	
（第1クラスター）	(4.5%)	(0.0%)	―
1.ソフトウエア・PCの操作知識（活用知識）	38	4	
（第2クラスター）	(38.4%)	(36.4%)	(10.5%)
2.ハードウエアや通信に関する技術知識	38	5	
（第2クラスター）	(38.4%)	(45.5%)	(13.2%)
3.自社システムの機能やデータ収集に係る知識	27	3	
（第2クラスター）	(27.3%)	(27.3%)	(11.1%)
4.情報システムで得られるデータを分析，評価する知識（第2クラスター）	51	7	
	(51.5%)	(63.6%)	(13.7%)
5.分析結果を実際に事業に活かす意欲やスキル	51	4	
（第2クラスター）	(51.5%)	(36.4%)	(7.8%)
6.その他	2	0	
（第2クラスター）	(2.0%)	(0.0%)	―
1.ソフトウエア・PCの操作知識（活用知識）	110	25	
（第3クラスター）	(35.5%)	(41.7%)	(22.7%)
2.ハードウエアや通信に関する技術知識	102	21	
（第3クラスター）	(32.9%)	(35.0%)	(20.6%)
3.自社システムの機能やデータ収集に係る知識	69	17	
（第3クラスター）	(22.3%)	(28.3%)	(24.6%)
4.情報システムで得られるデータを分析，評価する知識（第3クラスター）	141	24	
	(45.5%)	(40.0%)	(17.0%)
5.分析結果を実際に事業に活かす意欲やスキル	136	19	
（第3クラスター）	(43.9%)	(31.7%)	(14.0%)
6.その他	14	3	
（第3クラスター）	(4.5%)	(5.0%)	(21.4%)
1.ソフトウエア・PCの操作知識（活用知識）	23	9	
（第4クラスター）	(43.4%)	(52.9%)	(39.1%)
2.ハードウエアや通信に関する技術知識	16	6	
（第4クラスター）	(30.2%)	(35.3%)	(37.5%)
3.自社システムの機能やデータ収集に係る知識	16	5	
（第4クラスター）	(30.2%)	(29.4%)	(31.3%)
4.情報システムで得られるデータを分析，評価する知識（第4クラスター）	22	5	
	(41.5%)	(29.4%)	(22.7%)
5.分析結果を実際に事業に活かす意欲やスキル	30	7	
（第4クラスター）	(56.6%)	(41.2%)	(23.3%)
6.その他	0	0	
（第4クラスター）	(0.0%)	(0.0%)	―
合　　計	596	120	
	(100.0%)	(100.0%)	―

（出所）筆者作成

第５章　中小企業における情報システムの高度活用についてのクラスター分析

　意外なことに，情報システムの高度活用企業と考えられる第１クラスター：高度活用営業重視企業と第４クラスター：高度活用製造重視企業がほとんどの項目で，不足していると回答している割合が高い結果となった．第１クラスターでは「3.自社システムの機能やデータ収集に係る知識」が134社のうち48社，35.8％，「4.情報システムで得られるデータを分析，評価する知識」が134社のうち77社，57.5％と多く回答しているという結果になった．第４クラスター：高度活用製造重視企業では，第１クラスター：高度活用営業重視企業では，「1.ソフトウェア・PC の操作知識（活用知識）」が53社のうち23社，43.4％，「5.分析結果を実際に事業に活かす意欲やスキル」が53社のうち30社，56.6％と，情報システムから得られた情報を活用したいと考えていることが明らかとなった．ここで，アンケート回答企業全体と高度活用企業を比較すると，全般的に高度活用企業の方が知識や能力が不足していると考えている企業が少ない結果となった．

　これまでの設問の回答結果から，第１クラスター：高度活用営業重視企業は，第４クラスター：高度活用製造重視企業と比較して，情報システムの高度活用が進んでいるといった傾向がある．また，第１クラスター：高度活用営業重視クラスターにおいて，むしろ情報システムを現状以上に活用したいと考えており，さらなる活用のためにも社員のスキルアップを求めていることが分かった．

　以上のように，第１クラスターから第４クラスターに分類された中小企業ごとに，情報システムの導入，活用状況についてアンケートの設問をもとに分析をしてきた．結果からは，これまでの分析と同様に，情報システムの高度活用企業と考えられる第１クラスター：高度活用営業重視企業と第４クラスター：高度活用製造重視企業において，導入や活用状況が進んでいる傾向が明らかとなった．また，第１クラスター：高度活用営業重視企業と第４クラスター：高度活用製造重視企業では，第１クラスター：高度活用営業重視企業の方が第４クラスター：高度活用製造重視企業よりも導入や活用状況が進んでいる傾向があることが分かった．

　最後に，今後３年〜５年を目安に，再構築が必要となる情報システムの適用分野を回答したもらった結果をもとに，仮説５である「情報システムの高度活用企業は，既に導入が進んでおり，更改による情報システムの導入が多い.」について検証をする．設問では，新規導入，未定（わからない），適用対象外の回答も求めたが，ここでは仮説に関係する，システムの再構築のみを抜き出して表を作成する．結果は，図表5-30の通りである．

111

図表5-30　システム再構築を検討している適用分野

	全体 回答社数 (構成比率)	高度活用 実施企業数 (構成比率)	高度活用 /全体 (構成比率)
①資材・部品の調達 (第1クラスター)	60 (44.8%)	17 (53.1%)	(28.3%)
②在庫管理・物流 (第1クラスター)	87 (64.9%)	24 (75.0%)	(27.6%)
③生産管理(進捗管理) (第1クラスター)	71 (53.0%)	17 (53.1%)	(23.9%)
④品質管理 (第1クラスター)	43 (32.1%)	13 (40.6%)	(30.2%)
⑤販売管理 (第1クラスター)	99 (73.9%)	24 (75.0%)	(24.2%)
⑥顧客管理,サポート (第1クラスター)	85 (63.4%)	25 (78.1%)	(29.4%)
⑦経営戦略決定(企画立案) (第1クラスター)	46 (34.3%)	16 (50.0%)	(34.8%)
⑧管理会計 (第1クラスター)	87 (64.9%)	22 (68.8%)	(25.3%)
⑨人的資源管理 (第1クラスター)	54 (40.3%)	14 (43.8%)	(25.9%)
⑩財務管理 (第1クラスター)	88 (65.7%)	23 (71.9%)	(26.1%)
⑪社内情報共有 (第1クラスター)	84 (62.7%)	23 (71.9%)	(27.4%)
⑫知的財産管理(特許等) (第1クラスター)	21 (15.7%)	9 28.1(%)	(42.9%)
①資材・部品の調達 (第2クラスター)	2 (2.0%)	0 (0.0%)	(0.0%)
②在庫管理・物流 (第2クラスター)	22 (22.2%)	1 (9.1%)	(4.5%)
③生産管理(進捗管理) (第2クラスター)	0 (0.0%)	0 (0.0%)	―
④品質管理 (第2クラスター)	0 (0.0%)	0 (0.0%)	―
⑤販売管理 (第2クラスター)	55 (55.6%)	3 (27.3%)	(5.5%)
⑥顧客管理,サポート (第2クラスター)	58 (58.6%)	8 (72.7%)	(13.8%)
⑦経営戦略決定(企画立案) (第2クラスター)	22 (22.2%)	2 (18.2%)	(9.1%)
⑧管理会計 (第2クラスター)	58 (58.6%)	4 (36.4%)	(6.9%)
⑨人的資源管理 (第2クラスター)	25 (25.3%)	4 (36.4%)	(16.0%)

第5章　中小企業における情報システムの高度活用についてのクラスター分析

⑩財務管理	52	4	
（第2クラスター）	(52.5%)	(36.4%)	(7.7%)
⑪社内情報共有	36	3	
（第2クラスター）	(36.4%)	(27.3%)	(8.3%)
⑫知的財産管理(特許等)	3	1	
（第2クラスター）	(3.0%)	(9.1%)	(33.3%)
①資材・部品の調達	4	2	
（第3クラスター）	(1.3%)	(3.3%)	(50.0%)
②在庫管理・物流	10	1	
（第3クラスター）	(3.2%)	(1.7%)	(10.0%)
③生産管理(進捗管理)	2	0	
（第3クラスター）	(0.6%)	(0.0%)	―
④品質管理	0	0	
（第3クラスター）	(0.0%)	(0.0%)	―
⑤販売管理	17	0	
（第3クラスター）	(5.5%)	(0.0%)	―
⑥顧客管理, サポート	21	3	
（第3クラスター）	(6.8%)	(5.0%)	(14.3%)
⑦経営戦略決定(企画立案)	2	1	
（第3クラスター）	(0.6%)	(1.7%)	(50.0%)
⑧管理会計	2	1	
（第3クラスター）	(0.6%)	(1.7%)	(50.0%)
⑨人的資源管理	3	1	
（第3クラスター）	(1.0%)	(1.7%)	(33.3%)
⑩財務管理	1	0	
（第3クラスター）	(0.3%)	(0.0%)	―
⑪社内情報共有	13	4	
（第3クラスター）	(4.2%)	(6.7%)	(30.8%)
⑫知的財産管理(特許等)	1	0	
（第3クラスター）	(0.3%)	(0.0%)	―
①資材・部品の調達	20	8	
（第4クラスター）	(37.7%)	(47.1%)	(40.0%)
②在庫管理・物流	28	8	
（第4クラスター）	(52.8%)	(47.1%)	(28.6%)
③生産管理(進捗管理)	29	8	
（第4クラスター）	(54.7%)	(47.1%)	(27.6%)
④品質管理	15	4	
（第4クラスター）	(28.3%)	(23.5%)	(26.7%)
⑤販売管理	11	4	
（第4クラスター）	(20.8%)	(23.5%)	(36.4%)
⑥顧客管理, サポート	4	2	
（第4クラスター）	(7.5%)	(11.8%)	(50.0%)
⑦経営戦略決定(企画立案)	3	3	
（第4クラスター）	(5.7%)	(17.6%)	(100.0%)
⑧管理会計	2	0	
（第4クラスター）	(3.8%)	(0.0%)	―
⑨人的資源管理	3	1	

(第4クラスター)	(5.7%)	(5.9%)	(33.3%)
⑩財務管理	3	0	
(第4クラスター)	(5.7%)	(0.0%)	―
⑪社内情報共有	10	3	
(第4クラスター)	(18.9%)	(17.6%)	(30.0%)
⑫知的財産管理(特許等)	2	0	
(第4クラスター)	(3.8%)	(0.0%)	―

(出所) 筆者作成

　結果を検証すると，情報システムの高度活用企業が分類すると考えられる，第1クラスター：高度活用営業重視企業では，顕著に情報システムの再構築を検討している企業が多いことが分かる．さらに，第1クラスター：高度活用営業重視企業では，情報システムを営業支援に活用しているだけではなく，製造業に関わる情報システムについても再構築を検討している．この結果から，このクラスターには，情報システムを高度に活用している製造業も分類されていると考えられる．つまり，第1クラスター：高度活用営業重視企業は，製造業，卸売業・小売業，サービス業のすべてにおいて，情報システムの高度活用企業が分類されるクラスターであることが明らかとなった．

　第4クラスター：高度活用製造重視企業については，情報システムの高度活用企業が分類されると考えられるが，これまでの検証の結果と同様に，第1クラスター：高度活用営業重視企業と比較をすると，情報システムの再構築を検討している企業が少ない結果となった．システムの再構築を検討している適用分野についても，製造業に関わるシステムに偏っており，その他の使い方の検討はほとんどされていないことが分かる．このことから，第4クラスター：高度活用製造重視企業は，情報システムの高度活用を実施してはいるが，製造業に関わる情報システムにのみ注力をしており，営業支援や社内情報共有といった適用分野にはあまり興味を持っていない企業が分類されていることを示唆する結果となった．

　第2クラスター：非製造企業は，非製造業が分類されていることから，製造業に関わる情報システムでの再構築を検討している企業の割合が少なくなっている．その他の製造業に関わらない情報システムに関しては，第4クラスター：高度活用製造重視企業と同等か，それ以上の割合の企業が再構築を検討していることが分かる．このことから，第2クラスター：非製造企業は，現状では，情報システムの高度活用企業には分類されていないが，今後は高度活用企業に

第5章 中小企業における情報システムの高度活用についてのクラスター分析

なる可能性のある，情報システムの導入計画が旺盛なクラスターであるということができる．

第3クラスター：中小企業の平均企業をみてみると，他のクラスターと比較して，システムの再構築を検討している企業が非常に少ない結果となっている．営業系の情報システムや製造系の情報システムといった傾向もなく，すべての情報システムについて，再構築を検討していないことが分かる．第3クラスター：中小企業の平均企業は，その名の通り，中小企業の平均的な姿を表すクラスターである．そのクラスターにおいて，情報システムの再構築の検討がほとんどされていないという結果となった．このことから，第3クラスター：中小企業の平均企業では，情報システムに何らかの問題が発生するまで，更改などの検討がされていないということが推測される．つまり，情報システムを今後，高度に活用する企業に発展していく可能性は高くないクラスターであるということができる．

このように，主成分分析，クラスター分析を実施した結果，自社の業務に合った情報システムの導入，活用に注力することが，情報システムの高度活用には必要となると考えられる．また，情報システムの活用が進んでいない中小企業の約半数においては，情報システムの担当者がいないまま，導入，活用がなされていることからも，情報システムに関わる体制を構築できていないことが，情報システムの高度活用に大きな影響を与えていると判明した．そこで，兼任であっても情報システムに責任を持った部署，担当者を置く必要があると考えられる．

再構築を検討している情報システムの分野に関しても，情報システムの高度活用企業の方が意欲的であることが明らかとなった．再構築を検討している情報システムの分野についても，自社の業務に合った分野の情報システムを対象として注力している傾向を読み取ることができる．

第4章での分析により，情報システムの高度活用マネジメントである，PDCAサイクルの実施，情報の活用の実施が情報システムの高度活用に貢献することが裏付けられた．さらに，第5章での分析により，情報システムを高度に活用するためには，自社の業務に合った分野の情報システムに注力をすることにより，効果が表れやすくなることが明らかとなった．つまり，大企業と比較して，概して有する経営資源に乏しいと考えられている中小企業においても，自社の主要業務の分野の情報システムに対象を絞り，PDCAサイクルの実施と情報の活用の実施をすることにより，その効果を享受しやすくなるとい

うことができる．これらの施策を実施することにより，中小企業においても，情報システムの高度活用に貢献すると考えられる．

第6章
中小企業における情報システムの高度活用についてのロジスティック回帰分析

第1節　分析の概要

　本章では，中小企業における情報システムの高度活用について，アンケート調査をもとにクロス集計とロジスティック回帰分析を用いて分析をする．アンケート調査は，第2回のアンケート調査である「情報システムの活用・評価に関するアンケート調査」を分析の対象とする．

　まず，第4章において検証をした条件1である，中小企業における情報システムの計画から導入，評価，改善のPDCAサイクルの実施について，アンケート回答企業を対象にクロス集計を行い，PDCAサイクルの実施企業を選び出す．続いて，条件2である，情報システムから得られた情報の活用をするための3つのステップ（第1のステップ（情報の収集），第2のステップ（情報の選定），第3のステップ（情報の創出））の実施について，アンケート回答企業を対象にクロス集計を行い，情報の活用の実施の対象企業を選び出す．このPDCAサイクルの実施，または情報の活用の実施のどちらかを行っている企業を情報システムの高度活用企業とする．クロス集計の実施までは，第5章と同様の手法を用いている．

　次に，クロス集計を用いて導出した情報システムの高度活用企業を対象として，ロジスティック回帰分析を実施する．ロジスティック回帰分析を用いることにより，情報システムの高度活用企業の特徴について分析を実施する．特徴の分析をすることから，アンケート回答企業における情報システムの活用について，より深い検証が必要となる．そこで，仮説の分析には，第1回のアンケートの「中小企業における情報活用力とIT化に関するアンケート調査」ではなく，情報システムに関して専門的な内容の調査票とした第2回のアンケート

調査である「情報システムの活用・評価に関するアンケート調査」を対象とする．検証をする仮説は，以下の通りである．

・仮説6
　情報システムによって効果が出ている分野と該当の業種の主要業務で必要とされる効果が一致している．

　また，情報システムの高度活用をするためには，計画が重要となるのと同様に，評価をした結果が情報システムにフィードバックをされ，さらなる改善活動に繋がることから，評価は重要な役割を担っている．そこで，仮説7を提示する．

・仮説7
　情報システムの高度活用企業は，情報システムの評価を重視し，実施も行っている．

　そして，仮説5とも関係する内容となるが，情報システムの導入，高度活用には経験の蓄積が重要な要素となる．経験を積み重ねることにより，情報システムの導入に際しての問題の発生を少なくし，導入をスムーズに行うことができるようになると考えられる．これが仮説8である．

・仮説8
　情報システムの高度活用企業は，情報システム導入の際の障壁が低い．

　本章にて検証するのは以上の仮説6～仮説8である．

第2節　PDCAサイクル実施企業の分析

　ここでは，中小企業における情報システムの計画から導入，評価，改善のPDCAサイクルの実施についての分析を行う．第2回のアンケート調査を対象に「情報システムの活用・評価に関するアンケート調査」の調査項目から，PDCAサイクルのそれぞれに該当する設問を抽出し，実施状況を判断した．

第6章　中小企業における情報システムの高度活用についてのロジスティック回帰分析

1. Plan（情報システム導入の計画）

　Plan（情報システム導入の計画）では，書面などに残る形で経営計画（戦略）を策定し，かつ情報化計画（戦略）は経営計画（戦略）にもとづいて，あるいは参考にして策定している企業が Plan を実施できている企業とした．

　図表6-1の通り，アンケート回答企業全体185社のうち128社，69.2%とかなり多くの企業が書面などに残る形で経営計画（戦略）を策定している．続いて，図表6-2では，書面などに残る形で経営計画（戦略）を策定している企業128社のうち61社，47.7%が情報化計画（戦略）は経営計画（戦略）にもとづいて，あるいは参考にして策定している．つまり，Plan の実施できている企業の対象は，書面などに残る形で経営計画（戦略）を策定し，かつ情報化計画（戦略）は経営計画（戦略）にもとづいて，あるいは参考にして策定している企業が対象となるため，185社のうち61社，33.0%ということになる．

図表6-1　経営計画（戦略）の策定

	回答社数	構成比率
1．策定している	128	69.2%
2．策定していない	54	29.2%
無回答	3	1.6%
合　計	185	100.0%

（出所）筆者作成

図表6-2　経営計画（戦略）を策定かつ情報化計画（戦略）と一致

	回答社数	構成比率
1．策定している	61	47.7%
2．策定していない	65	50.8%
無回答	2	1.6%
合　計	128	100.1%

（出所）筆者作成

　このように，中小企業においては，情報システムのマネジメントを行う上で必要となる PDCA サイクルのうち，Plan の時点で実施企業が185社のうち61社，33.0%と，実施できていない企業が多いということができる．このことは，中小企業における情報システムの導入は，概して明確な計画のないままに行われていることを示している．情報システムは単体で活用しても，その効果は限

られたものとなる．情報システムと業務とを組み合わせて活用することによって初めてその効果を発揮するのである．そのためにも，情報システムを導入する際の計画である Plan は重要なものとなる．しかし，その Plan の段階でつまずいている中小企業が多いことが明らかとなった．

2．Do（情報システムの導入）

次に，Do（情報システムの導入）の実施については，初めて導入した情報システムの導入形態に回答があることを情報システムが既に導入されているとして判断した．Do の実施企業は図表6-3の通りである．アンケート回答企業全体を見ると，21社，11.4%の企業が無回答であったものの，残りの164社，88.6%の企業が情報システムを既に導入していることが明らかとなった．この結果からも，中小企業においても，情報システムの導入は広く進んでいるということができる．

図表6-3　情報システムの導入形態

	全体 回答社数	全体 構成比率	P実施 回答社数	P実施 構成比率
1．パッケージソフト(カスタマイズ大)を使用	25	13.5%	12	19.7%
2．パッケージソフト(カスタマイズ小)を使用	23	12.4%	6	9.8%
3．パッケージソフトをほぼそのまま導入	32	17.3%	9	14.8%
4．市販のソフトウェアを購入して使用	20	10.8%	8	13.1%
5．オーダーメイドで導入	64	34.6%	25	41.0%
無回答	21	11.4%	1	1.6%
合　計	185	100.0%	61	100.0%

（出所）筆者作成

また，Plan の実施企業においては，1社が無回答であったものの，残りの60社の企業が情報システムを導入していることが分かる．アンケート回答企業全体と Plan 実施企業の回答を比較すると，Plan 実施企業において「1.パッケージソフト（カスタマイズ大）を使用」と「5.オーダーメイドで導入」の割合が比較的高いことが分かる．このことから，Plan 実施企業では，出来合いのパッケージソフトなどをそのまま導入するのではなく，Plan（情報システム導入の計画）に則った形で，パッケージソフトに大きなカスタマイズをするこ

と，あるいはオーダーメイドで情報システムの導入をしている企業が多いことが明らかとなった．

3．Check（情報システムの評価）

Check（情報システムの評価）に関しては，導入した情報システムについて，何らかの方法で評価を行っている企業を Check の実施企業とした．

図表6-4の通り，Plan，Do に該当する設問に対し，実施していると考えられる企業60社のうち，Check に当たる情報システムの評価を実施している企業は29社，48.3％となった．アンケート調査回答企業全体と比較すると，Plan，Do を実施している企業の方が，情報システムの評価を実施している割合が明らかに多いことが分かる．しかしながら，Plan，Do を実施している企業でも，評価を実施している企業は半数程度であることからも，中小企業においては，情報システムの評価はあまり進んでいないということができる．

図表6-4　評価の実施状況

	全体 回答社数	全体 構成比率	PD実施 回答社数	PD実施 構成比率
1．実施している	47	25.4%	29	48.3%
2．実施していない	130	70.3%	30	50.0%
無回答	8	4.3%	1	1.7%
合計	185	100.0%	60	100.0%

（出所）筆者作成

情報システムの評価があまり進んでいないことが明らかとなったが，アンケート回答企業全体では185社のうち47社，25.4％の企業のみの実施に留まっている情報システムの評価を，Plan，Do の実施企業では，60社のうち29社，48.3％の企業が実施している．Plan である経営戦略と情報戦略が一致し，Plan にもとづいて Do である情報システムの導入が行われている企業では，Check である情報システムの評価を実施する企業の割合が高いということができる．これは，導入した情報システムに対して，評価のみを実施するのではなく，Plan，Do と計画に則り導入された上で，Check が行われていることを明らかにしている．Check である評価は，経営計画（戦略），情報化計画（戦略）で

の想定通りの情報システムが導入されているのかを確認することが目的であることから，Plan, Do を実施している企業の方が Check をしている企業が多かったのではないかと推測することができる．

4．Act（評価に対する情報システムの改善）

最後に，Act に関しては，情報システムに関わる評価結果をもとに，何らかの具体的な対応策を取っている企業を Act の実施企業とした．

図表6-5の通り，Plan, Do, Check の実施企業において，最も回答が多く対応策がなされていたのは「1.情報システムの使いやすさの改善」であり，29社のうち26社，89.7%が実施している．アンケート回答企業全体と，Plan, Do, Check を実施している企業を比較すると，全ての項目において，Plan, Do, Check を実施している企業の方が情報システムに対して行っている対応策の構成比率が高いことが分かる．アンケート回答企業全体では，一番多く行われている対応策の「1.情報システムの使いやすさの改善」でも，わずかに185社のうち40社，21.6%である．これは，中小企業では，情報システムに対する具体的な対応策は，概して行われていないということを表している．それに対して，Plan, Do, Check を実施している企業では，29社のうち26社となる89.7

図表6-5 評価に対する対応策

	全体		PDC実施	
	回答社数	構成比率	回答社数	構成比率
1. 情報システムの使いやすさの改善	40	21.6%	26	89.7%
2. 情報システムの性能向上	22	11.9%	15	51.7%
3. 情報システムの機能改善	27	14.6%	15	51.7%
4. 情報システムの機能追加	33	17.8%	21	72.4%
5. 組織や人員配置などの組織のあり方の改善	12	6.5%	9	31.0%
6. 業務の進め方などの業務手法の改善	28	15.1%	17	58.6%
7. 経営計画・情報化計画へのフィードバック	22	11.9%	16	55.2%
8. 情報システムの評価手法・評価項目へのフィードバック	4	2.2%	3	10.3%
9. 今後の情報システム導入に向けての問題点・改善点のリスト化	18	9.7%	12	41.4%
10. 情報システムに慣れていない利用者に対する教育	18	9.7%	11	37.9%
全体	185	—	29	—

（出所）筆者作成

％が対応策を実行している．このことから，中小企業においても，Plan, Do, Check 実施企業では，ただ漫然と情報システムの評価を実施しているのではなく，評価結果をもとにして，情報システムの改善を行っていることが明らかとなった．

また，実施している対応策で特に回答が多かったのは，Plan, Do, Check の実施企業では，29社のうち26社，89.7％が実施している「1.情報システムの使いやすさの改善」，次いで29社のうち21社，72.4％が実施している「4.情報システムの機能追加」となっている．このように，情報システムの評価に対する対応策は，情報システムそのものの改善が中心となっていることが分かる．情報システムを導入する際にも，オーダーメイドや大幅なカスタマイズをしていることから，自社の業務に合わせて情報システムを導入し，改善も情報システムに対して行われる傾向があることを読み取ることができる．続いて多いのは，「6.業務の進め方などの業務手法の改善」の29社のうち17社，58.6％，「7.経営計画・情報化計画へのフィードバック」の29社のうち16社，55.2％，「2.情報システムの性能向上」，「3.情報システムの機能改善」の29社のうち15社，51.7％である．このことから，情報システムの評価に対する対応策としては，情報システムそのものの改善が中心だが，場合によっては業務手法の改善や経営計画・情報化計画へのフィードバックなども行われていることが判明した．

ここで Act は，情報システムに関わる評価結果をもとに，何らかの具体的な対応策を取っている企業であることから，評価に対する対応策を全く実施していない企業を除いた企業数となる．Plan, Do, Check を実施している企業の29社のうち「1.情報システムの使いやすさの改善」をしている企業は26社である．残りの3社のうち，全く評価に対する対応策を実施していない企業はわずかに1社であった．つまり，Plan, Do, Check の実施企業29社のうち28社，96.6％が Act を実施していることになる．

以上の分析により，情報システムのマネジメントサイクルである PDCA サイクルを実施している中小企業は，アンケートに回答のあった185社のうち，28社，15.1％であることが明らかとなった．

第3節　情報の活用企業の分析

次に，条件2である，情報システムから得た情報の活用についての分析を行う．情報の活用をするためには，第1のステップ（情報の収集），第2のステ

ップ（情報の選定），第3のステップ（情報の創出）の3つのステップがあり，第2回のアンケート調査である「情報システムの活用・評価に関するアンケート調査」の調査項目から，それぞれのステップに対応した設問に対して，実施できているかの判断を行い，情報の活用状況を明らかにする．

1．第1のステップ（情報の収集）

第1のステップは情報の収集である．ここでは，情報システム導入の目的に情報の収集が必要であり，該当の5段階の設問に「4.かなり当てはまる」，「5.非常に当てはまる」と回答している企業を情報の収集ができていると判断した．この第1のステップでは，経営のかじ取りをするために必要となる情報を情報システムに収集することが必要となる．結果は図表6-6の通りである．

図表6-6　第1のステップ（情報の収集）実施

	回答社数	構成比率
1. 市場の分析	47	25.4%
2. 経営情報データの分析支援	89	48.1%
3. 経営戦略策定、事業システム構築	68	36.8%
4. 組織内コミュニケーション円滑化	61	33.0%
全　体	185	―

（出所）筆者作成

最も回答の多かった「2.経営情報データの分析支援」は，アンケートの回答企業全体の185社の半数近い89社，48.1%の企業が導入の目的としている．続いて，「3.経営戦略策定，事業システム構築」の68社，36.8%，「4.組織内コミュニケーション円滑化」の61社，33.0%であり，「1.市場の分析」は47社，25.4%と比較的回答が少ない結果となった．この結果は，多くの中小企業では，情報システム導入の目的として，情報を収集し，それを活用するといったことは少ないことを明らかにしている．また，情報の収集をしている企業の中でも，社内での情報の活用に留まり，市場の分析など，社内の情報を外部の情報に結び付けて分析をするといったことを実行している企業は少ないということができる．

しかしながら，数は少ないものの，「1.市場の分析」や「3.経営戦略策定・事業システム構築」といった情報システムの高度な活用を導入の目的としてい

第6章　中小企業における情報システムの高度活用についてのロジスティック回帰分析

る企業も一定の割合が存在していることが明らかとなった．

2．第2のステップ（情報の選定）

次に第2のステップの分析を行う．第2のステップは情報の選定である．ここでは，収集した情報をもとに，分析を行い，経営をしていく上での判断をするのに役立つ効果が出ている．つまり，該当の5段階の設問に「4.かなり当てはまる」，「5.非常に当てはまる」と回答している企業を情報の選定ができていると判断した．このステップでは，情報システムによって収集された情報から，有用な情報を選択することができていなければならない．情報は，情報システムを利用するたびに蓄積されていく．しかし，蓄積された情報はそのままでは雑多なデータの集合に過ぎない．そこで，情報を分析，選定をすることによって，初めて経営に役立つ情報となるのである．

図表6-7　第2のステップ（情報の選定）実施

	全体 回答社数	全体 構成比率	第1ステップ実施 回答社数	第1ステップ実施 構成比率
1. 市場の分析	40	21.6%	38	33.6%
2. 経営情報データの分析支援	69	37.3%	66	58.4%
3. 経営戦略策定、事業システム構築	54	29.2%	52	46.0%
4. 組織内コミュニケーション円滑化	42	22.7%	41	36.3%
全体	185	—	113	—

（出所）筆者作成

結果は図表6-7の通りである．アンケート回答企業全体を見てみると，情報の選定をした結果と判断できるような効果の出ている企業は，概して多くはないということができる．ここで，「1.市場の分析」，「2.経営情報データの分析支援」，「3.経営戦略策定，事業システム構築」，「4.組織内コミュニケーション円滑化」の効果があったと回答した企業の大半は，第1のステップである情報の収集を目的として情報システムを導入した企業であることが分かった．特に，「2.経営情報データの分析支援」はアンケート回答企業全体では185社のうち69社，37.3%に対して，第1のステップ（情報の収集）実施企業では113社のうち66社，58.4%，「3.経営戦略策定，事業システム構築」は，アンケート回答企業全体では185社のうち54社，29.2%に対して，第1のステップ（情報の

収集）実施企業では113社のうち52社，46.0％と結果に大きな差が出ていることが明らかとなった．

このように，情報システムを導入したことによって，経営を進める上での判断をするために役立つ効果の出ている企業は多くはない．しかし，第2のステップである情報の選定をした結果と判断できる効果が出ている企業の大半は，第1のステップ（情報の収集）で情報システム導入の目的としていた企業であることが明らかになった．

3．第3のステップ（情報の創出）

最後の第3のステップは情報の創出である．ここでは，情報システムに関わる評価を実施した後に，評価結果をもとに具体的な対応策を取っている企業を情報の創出ができていると判断した．

情報システムの評価をするためには，導入したことによる効果を正確に把握していなければならない．そのため，第1のステップ（情報の収集）で必要となる情報を収集することを目的とし，第2のステップ（情報の選定）で収集した情報から有用な情報を選定することができているからこそ，情報システムの評価が実施できていると判断することができる．そして，情報システムの評価をもとに，具体的な対応策を実施できているということは，第3のステップである情報の創出が実施できていると考えられる．結果は図表6-8の通りである．第2のステップ（情報の選定）を実施している企業83社のうち，いずれかの対応策を取っており第3のステップ（情報の創出）が実施できている企業は29社，

図表6-8　第3のステップ（情報の創出）実施

	全体 回答社数	全体 構成比率	第1ステップ実施 回答社数	第1ステップ実施 構成比率
1.組織や人員配置などの組織のあり方の改善	12	6.5%	8	9.6%
2.業務の進め方などの業務手法の改善	28	15.1%	22	26.5%
3.経営計画・情報化計画へのフィードバック	22	11.9%	16	19.3%
4.情報システムの評価手法・評価項目へのフィードバック	4	2.2%	3	3.6%
5.今後の情報システム導入に向けての問題点・改善点のリスト化	18	9.7%	12	14.5%
全体	185	—	83	—

（出所）筆者作成

第6章　中小企業における情報システムの高度活用についてのロジスティック回帰分析

34.9％という結果であった．

　アンケート回答企業の全体を見ると，対応策を実施している企業が最も多い「2.業務の進め方などの業務手法の改善」でも，185社のうち28社の15.1％と多いとはいえない．最も少なかった「4.情報システムの評価手法・評価項目へのフィードバック」に至っては，4社，2.2％である．

　それに対して，第1のステップである情報の収集，第2のステップである情報の選定を実施している企業において対応策を実施していると回答した企業が最も多いのは，「2．業務の進め方などの業務手法の改善」であり，その数は83社のうち22社，26.5％となった．最も回答が少なかったのは「4．情報システムの評価手法・評価項目へのフィードバック」の3社，3.6％であった．

　以上のように，収集した情報をもとに，分析を行い，経営をしていく上で判断をしたのちに，具体的な対応策を実施している企業は，アンケート回答企業全体と比較して，第1のステップ（情報の収集），第2のステップ（情報の選定）の実施企業の方が多いことが明らかとなった．

　第2のステップの情報の選定まで実施している企業においても，第3のステップである情報の創出まで実施できている企業は多いとはいえない．しかしながら，第3のステップである情報の創出である「2.業務の進め方などの業務手法の改善」を実施している企業28社のうち，22社となる78.6％の企業が第1のステップ（情報の収集），第2のステップ（情報の選定）の実施企業である．このことから，情報を活用する上での3つのステップの必要性が裏付けられると考えられる．

第4節　情報システムの高度活用企業の分析

　ここでは，アンケートの回答企業が情報システムの高度活用ができているのかについて分析を行う．再掲となるが，情報システムの高度活用企業は，第4章での条件1である「情報システムの高度活用企業は，情報システムの計画から導入，評価，改善のPDCAサイクルが実施できている．」と条件2である「情報システムの高度活用企業は，情報システムによって収集，選定した情報を活用し，経営に役立てている．」のどちらかを実施していると考えられる．

　PDCAサイクルを実施できている中小企業は，アンケート回答企業全体185社のうち28社の15.1％と多くはないことが明らかとなった．このことから，中小企業においては，情報システムの活用を促進するためのマネジメントサイク

ルの実施は概して実行できていないということができる．情報の活用ができている中小企業に関しても，同様に185社のうち29社の15.7%とPDCAサイクルの実施企業と同様に少数である．以上により，一般的に考えられている通り，中小企業は，概して情報システムから得られた情報を活用することができていないということができる．

　ここで，PDCAサイクル実施と情報の活用の分析で得られた結果から，どちらかが実施できている企業を導き出すことにより，情報システムの高度活用企業を明らかにする．その結果は図表6-9の通り，アンケート回答企業全体の185社のうち40社の21.6%であった．これは，PDCAサイクル実施企業の28社，情報の活用企業の29社のうち，それぞれ半数を超える17社が両方の施策を実施している結果となる．このことから，PDCAサイクルの実施と情報の活用は両方を併せて実施されている傾向があることが分かった．

図表6-9　情報システムの高度活用企業

	回答社数	高度活用実施企業数	構成比率
PDCAサイクル実施企業 情報の活用実施企業	28 29	40	21.6%
全　体	185	185	—

（出所）筆者作成

　情報システムの高度活用をしている企業を明らかにしたところで，情報システムの高度活用企業の特徴についての検証をする．まず，情報システム導入の理由・背景について5段階評価をし，「5.非常にそう思う」，「4.かなりそう思う」と回答した企業は，該当の項目を積極的に理由・背景として感じていると判断した．

　この設問では図表6-10にある通り，「1.競合企業との競争力強化」，「2.協力企業との関係強化」，「3.業態の変化」，「4.顧客からの強い要求」，「5.市場環境の変化」，「6.経営計画（戦略）の刷新」の全ての項目で，情報システムの高度活用企業の方が積極的な回答を寄せる結果となった．「1.競合企業との競争力強化」では，アンケート回答企業全体の185社のうち73社，39.5%に対して，高度活用企業では40社のうち20社，50.0%，「5.市場環境の変化」では，アンケート回答企業全体の185社のうち87社，47.0%に対して，高度活用企業では40社のうち24社，60.0%，「6.経営計画（戦略）の刷新」では，アンケート回答企

第6章　中小企業における情報システムの高度活用についてのロジスティック回帰分析

業全体の185社のうち73社，39.5％に対して，情報システムの高度活用企業では40社のうち21社，52.5％と，アンケート回答企業全体と比較して，10％程度割合の多い企業が情報システム導入の理由・背景としている．

図表6-10　情報システム導入の理由・背景

	全体		高度活用	
	回答社数	構成比率	実施企業数	構成比率
①競合企業との競争力強化	73	39.5%	20	50.0%
②協力企業との関係強化	41	22.2%	10	25.0%
③業態の変化	78	42.2%	20	50.0%
④顧客からの強い要求	51	27.6%	12	30.0%
⑤市場環境の変化	87	47.0%	24	60.0%
⑥経営計画（戦略）の刷新	73	39.5%	21	52.5%
全体	185	―	40	―

（出所）筆者作成

図表6-11　情報システム導入の最終判断

	全体		高度活用	
	回答社数	構成比率	実施企業数	構成比率
1.社長	96	51.9%	22	55.0%
2.情報システム担当役員（CIO）	32	17.3%	8	20.0%
3.情報システム担当部長	11	5.9%	3	7.5%
4.情報システム担当課長（リーダ）	11	5.9%	1	2.5%
5.情報システム担当者	8	4.3%	1	2.5%
無回答	27	14.6%	5	12.5%
合計	185	100.0%	40	100.0%

（出所）筆者作成

次に，情報システム導入の最終判断は誰が行ったのかについて検証し，情報システム導入時の積極性を明らかにする．情報システムが効果的に活用されるためには，経営戦略，情報戦略にもとづき情報システムを導入，活用をする必要がある．そのためにも，現場レベルの情報システムの担当者によって情報システムの導入が判断されるのではなく，経営層によって判断が行われなければならないと考えられる．

この設問では，図表6-11にある通り，アンケート回答企業全体の185社のうち96社の51.9％が「1.社長」，32社の17.3％が「2.情報システム担当役員

（CIO）」と回答している．情報システムの高度活用企業では，40社のうち22社の55.0％が「1.社長」，8社の20.0％が「2.情報システム担当役員（CIO）」と回答している．

「1.社長」，「2.情報システム担当役員（CIO）」らの経営層によって，情報システム導入の最終判断がされているとしているのは，アンケート回答企業全体では，185社のうち128社の69.2％，情報システムの高度活用企業では，40社のうち30社の75.0％となり，高度活用企業の方が多少割合の多い結果となっている．

最後に，情報システムを導入する際に，要件定義を実施したか，要件定義に最も影響を与えた関係者は誰であったかについて検証し，情報システムを導入する際の積極性について明らかにする．情報システムを導入するにあたって，最初に行わなければならないのが要件定義である．要件定義を通じて，導入する情報システムに必要な機能，予算などが明確となる．このことからも，情報システムを活用する意識の高い企業では，経営層が関わり，きちんと要件定義を行っていると考えられる．

要件定義の実施では，図表6-12にある通り，アンケート回答企業全体の185社のうち116社の62.7％が実施していると回答している．それに対し，情報システムの高度活用企業では，40社のうち29社の72.5％が実施していると回答している．アンケート回答企業全体と比較して，高度活用企業では，要件定義を実施している企業が10％程度多い．このことからも，情報システムの高度活用企業では，導入する情報システムに必要な機能，予算が明確になっており，それを具体化する要件定義の重要性を理解している企業が大半を占めているということができる．

要件定義に最も影響を与えた関係者では，図表6-13にある通り，アンケート回答企業全体の185社のうち41社の22.2％が「1.社長」，22社の11.9％が「2.情

図表6-12　要件定義の実施

	全体		高度活用	
	回答社数	構成比率	実施企業数	構成比率
1.要件定義を実施した	116	62.7％	29	72.5％
2.要件定義を実施していない	53	28.6％	10	25.0％
無回答	16	8.6％	1	2.5％
合　計	185	100.0％	40	100.0％

（出所）筆者作成

第6章　中小企業における情報システムの高度活用についてのロジスティック回帰分析

図表6-13　要件定義に最も影響を与えた関係者

	全体		高度活用	
	回答社数	構成比率	実施企業数	構成比率
1.社長	41	22.2%	10	25.0%
2.情報システム担当役員(CIO)	22	11.9%	6	15.0%
3.情報システム担当部長	16	8.6%	3	7.5%
4.情報システム担当課長(リーダ)	17	9.2%	4	10.0%
5.情報システム担当者	18	9.7%	5	12.5%
無回答	71	38.4%	12	30.0%
合　計	185	100.0%	40	100.0%

（出所）筆者作成

報システム担当役員（CIO）」と回答している．高度活用企業では，40社のうち10社の25.0%が「1.社長」，6社の15.0%が「2.情報システム担当役員（CIO）」と回答している．

　「1.社長」，「2.情報システム担当役員（CIO）」らの経営層によって，情報システム導入の最終判断がされているとしているのは，アンケート回答企業全体では，185社のうち63社の34.1%，高度活用企業では，40社のうち16社の40.0%となり，情報システムの高度活用企業の方が多少強く，経営層が要件定義に影響を与えていることが理解できる．情報システム導入の最終判断においても，アンケート回答企業全体と高度活用企業の「1.社長」，「2.情報システム担当役員（CIO）」らの経営層の関わりに大きな差は見られなかった．このように，情報システムの導入，要件定義などの意思決定においては，「1.社長」，「2.情報システム担当役員（CIO）」らの経営層の関わりについては，アンケート回答企業全体と情報システムの高度活用企業で同程度ということができる．

　続いて，情報システムの導入時に業務手順を変更したかについて検証する．情報システム導入にあたって，それまでの業務手順を変更したかについて，情報システム導入の理由・背景と同様に5段階評価をし，「5.非常に変更した」，「4.かなり変更した」と回答した企業は，該当の業務手順を大幅に変更したと判断した．

　図表6-14より，「①資材・部品の調達」，「②在庫管理・物流」，「④品質管理」において，情報システムの高度活用企業の方が業務手順を変更している結果となった．特に「①資材・部品の調達」は，アンケート回答企業全体の185社のうち27社，14.6%に対し，高度活用企業では40社のうち11社，27.5%，

131

図表6-14　情報システム導入時の業務手順変更

	全体		高度活用	
	回答社数	構成比率	実施企業数	構成比率
①資材・部品の調達	27	14.6%	11	27.5%
②在庫管理・物流	47	25.4%	13	32.5%
③製造,生産管理(進捗管理)	31	16.8%	7	17.5%
④品質管理	24	13.0%	14	35.0%
⑤販売管理	89	48.1%	19	47.5%
⑥顧客管理,サポート	64	34.6%	15	37.5%
全体	185	—	40	—

（出所）筆者作成

「④品質管理」では，アンケート回答企業全体の185社のうち24社，13.0%に対し，情報システムの高度活用企業では40社のうち14社，35.0%と，かなり多い企業が業務手順の変更を行っている．その他の「③製造,生産管理(進捗管理)」，「⑤販売管理」，「⑥顧客管理,サポート」に関しては，アンケート回答企業全体と高度活用企業で同様の結果となっている．しかしながら，回答の全般をみると，最も業務手順の変更した割合が高い「⑤販売管理」でも50%程度である．このことから，中小企業における情報システムの導入では，業務手順の変更はあまり実施されていないということができる．

次に，情報システムを導入する際の利用部門の関わりについて検証をする．情報システムは導入の決定がされた後に，要件定義から始まり，導入作業が進められていく．ここで，導入作業がスムーズに行われるためには，導入した情報システムを実際に利用する部門が関わることが重要である．現場でどのように情報システムが使われているか，現行の情報システムが存在しているならば，どのような点を改善したいのか，このような利用する部門からの意見は，情報システムの導入の際に非常に有用である．

実際に情報システムを利用する部門が導入に関わることで，利用者の求めている情報システムと実際に導入される情報システムの認識の違いを少なくすることができると考えられる．さらには，利用する部門の意見が反映された情報システムになることにより，情報システムに対する満足度，効果を高めることも期待される．

この設問では，5段階評価をし，「5.非常に関わった」，「4.かなり関わっ

第6章　中小企業における情報システムの高度活用についてのロジスティック回帰分析

た」と回答した企業は，情報システムの導入時に利用部門が積極的に関わっていたと判断した．結果は図表6-15にある通りである．アンケート回答企業全体では，「5.非常に関わった」が185社のうち38社の20.5%，「4.かなり関わった」が185社のうち41社の22.2%であり，積極的に関わったのは185社のうち79社の42.7%であった．それに対し，情報システムの高度活用企業では，「5.非常に関わった」が40社のうち12社の30.0%，「4.かなり関わった」が40社のうち9社の22.5%であり，積極的に関わったのは40社のうち21社の52.5%であった．

図表6-15　情報システム導入時の利用部門の関わり

	全体		高度活用	
	回答社数	構成比率	実施企業数	構成比率
1.全く関わらなかった	7	3.8%	1	2.5%
2.あまり関わらなかった	26	14.1%	6	15.0%
3.まあまあ関わった	58	31.4%	11	27.5%
4.かなり関わった	41	22.2%	9	22.5%
5.非常に関わった	38	20.5%	12	30.0%
無回答	15	8.1%	1	2.5%
合　計	185	100.0%	40	100.0%

（出所）筆者作成

　アンケート回答企業全体と比較して，情報システムの高度活用企業では，約10%多い50%以上の企業において利用部門が情報システムの導入に関わっている結果となった．これは，情報システムの導入には多様な問題が発生することを把握していることから，情報システムの高度活用企業では，障壁を解消するための対策を前もって実施していると推測することができる．その対策の1つが情報システム導入時の利用部門の関わりであるということができる．これらの対策を実施することにより，情報システムの高度活用企業では，情報システムの導入における障壁を下げる努力をしていると考えられる．

　続いて，全体的な情報システムの活用意識の設問として，情報システムに関わる予算を投資と考えるか，費用と考えるかについての回答では，図表6-16の通り，アンケート回答企業全体の185社のうち60社の32.4%に対して，情報システムの高度活用企業は40社のうち14社の35.0%とどちらも費用と考えている企業が多いことが分かる．この結果から，中小企業においては全般的に情報システムに関わる予算は，今後に向けての投資ではなく，費用として考えられて

いることが明らかとなた.

図表6-16　情報システムの予算は投資か費用か

	全体		高度活用	
	回答社数	構成比率	実施企業数	構成比率
投資である	60	32.4%	14	35.0%
費用である	116	62.7%	25	62.5%
無回答	9	4.9%	1	2.5%
合　計	185	100.0%	40	100.0%

(出所) 筆者作成

第5節　ロジスティック回帰分析のデータおよび分析方法

　以下の分析では，第2回のアンケート調査となる「情報システムの活用・評価に関するアンケート調査」のデータを用いる．再掲となるが，本アンケート調査は，第1回の「中小企業における情報活用力と IT 化に関するアンケート調査」と同様に，書面によるアンケート調査票を国内中小企業に郵送することにより実施した．アンケート調査の対象企業の778社は，第2回となる「情報システムの活用・評価に関するアンケート調査」の以前（2009年）に実施した情報システムの導入状況に関するアンケート「情報システムの活用・評価に関するアンケート調査」に回答があった企業である．そのため，第1回のアンケート調査と同様に，対象企業には，最低10名以上の正社員を有するといった制約が加わっている．また，第2回となる今回の調査も，中小企業の社長，もしくは役員（CIO）がアンケートに回答することを想定しているが，前回のアンケートに回答のあった企業が対象であることから，調査票は，情報システムの活用・評価に関する具体的な知識を要するような設問も配してある．アンケート調査は，2010年10月に実施し，185社から回答が得られ，回答率は23.8％となった．

　本研究では，中小企業における情報システムの活用・評価について理解をするために，アンケートに設問を配してある．その中から，「情報システムの高度活用企業は，情報システムの計画から導入，評価，改善の PDCA サイクルが実施できている．」と「情報システムの高度活用企業は，情報システムによって収集，選定した情報を活用し，経営に役立てている．」を明らかにするよ

第6章 中小企業における情報システムの高度活用についてのロジスティック回帰分析

うな設問を選択し，情報システムの高度活用企業を導出する．その後，導き出した高度活用企業について，ロジスティック回帰分析を行う．

ロジスティック回帰分析とは，目的変数が2値変数のときの回帰分析ということができる．ロジスティック回帰分析を実施すると，次のロジスティック回帰式を求めることができる．

$$\text{Logit}(p) = b_1 x_1 + b_2 x_2 + \cdots + b_m x_m + b_0$$

x_i：説明変数
b_i：回帰係数（$i=1 \sim m$）
b_0：定数項

ここで，p は第1群に所属する確率を表し，Logit(p) とは，p を次のように変換した値である．

$$\text{Logit}(p) = \ln\left(\frac{p}{1-p}\right)$$

p に対して，このような変換を施すことをロジット変換という．また，$\frac{p}{1-p}$ をオッズと呼ぶ[116]．

本章では，ロジスティック回帰分析を使用し，情報システムの高度活用企業について詳細な分析を行う．分析には，「情報システムの活用・評価に関するアンケート調査」に対してクロス集計を用いて明らかにした情報システムの高度活用企業と考えられる企業を対象に，ロジスティック回帰分析によって高度活用の裏付けするものである．ロジスティック回帰分析の目的変数には，クロス集計によって明らかにした情報システムの高度活用企業をダミー変数として設定する．情報システムの高度活用企業は，「情報システムの高度活用企業は，情報システムの計画から導入，評価，改善の PDCA サイクルが実施できている．」，「情報システムの高度活用企業は，情報システムによって収集，選定した情報を活用し，経営に役立てている．」のどちらか一方でも実施している企業する．この高度活用企業であるか否かを目的変数として設定する．情報システムを高度に活用するためには，PDCA サイクルの実施，情報の活用の両方が行われていることが望ましい．しかし，両方を実施していなくとも，PDCA サイクルの実施，または情報の活用のどちらか一方を実施していれば，情報システムの活用は何もしていない企業と比較して高度に行われていると考えられる．以上の通り，目的変数として情報システムの高度活用企業であるか否かを設定して，ロジスティック回帰分析を実施する．

第6節　ロジスティック回帰分析に使用する変数

　前節での枠組に従って，以下では目的変数には情報システムの高度活用企業と考えられる企業を1，そうではない企業を0として設定する．目的変数に情報システムの高度活用企業を設定してロジスティック回帰分析を実施することにより，高度活用に深く関係する設問の要因分析をすることができると考えられる．
　説明変数は，アンケートの設問，フェイスシートより選択し，「情報システム導入の目的・効果・障壁」，「情報システムの評価」，「業種」として，大きく3つに分類した．説明変数のリストは図表6-17の通りである．

図表6-17　変数のリスト

情報システム導入の目的・効果・障壁に関する変数	
①生産性向上 （導入目的）	情報システムを導入することにより，生産性が向上したかについて，向上レベルによって1〜5の数値を回答し，平均値を四捨五入した値を設定
②経費削減 （導入目的）	情報システムを導入することにより，経費が削減されたかについて，削減レベルによって1〜5の数値を回答し，平均値を四捨五入した値を設定
③情報の活用 （導入目的）	情報システムから得られた情報を経営に活用しているかについて，活用レベルによって1〜5の数値を回答し，平均値を四捨五入した値を設定
④営業支援 （導入目的）	情報システムを導入することにより，営業活動が支援されたかについて，支援レベルによって1〜5の数値を回答し，平均値を四捨五入した値を設定
①生産性向上 （導入効果）	情報システムを導入したことにより，生産性が向上したかについて，効果レベルによって1〜5の数値を回答し，平均値を四捨五入した値を設定
②経費削減 （導入効果）	情報システムを導入したことにより，経費が削減されたかについて，効果レベルによって1〜5の数値を回答し，平均値を四捨五入した値を設定
③情報の活用 （導入効果）	情報システムから得られた情報を経営に活用しているかについて，効果レベルによって1〜5の数値を回答し，平均値を四捨五入した値を設定
④営業支援 （導入効果）	情報システムを導入したことにより，営業活動が支援されたかについて，効果レベルによって1〜5の数値を回答し，平均値を四捨五入した値を設定
内的要因	情報システムを導入する際に，障壁となった要因について，要因ごとの

第6章　中小企業における情報システムの高度活用についてのロジスティック回帰分析

（導入障壁）	レベルによって1〜5の数値を回答し，平均値を四捨五入した値を設定
外的要因 （導入障壁）	情報システムを導入する際に，障壁となった要因について，要因ごとのレベルによって1〜5の数値を回答し，平均値を四捨五入した値を設定
情報システムの評価に関する変数	
評価の実施	情報システムの評価について，0.実施していない企業 1.実施している企業として，回答を設定
評価の問題点	情報システムの評価を実施する際に，何らかの問題点や改善点があると考えた項目について，1〜8の選択肢の回答を設定
直接の効果測定 （重視項目）	情報システムによる直接の効果を評価対象として重視するかについて，重視のレベルによって1〜5の数値を回答し，平均値を四捨五入した値を設定
間接の効果測定 （重視項目）	情報システムによる間接の効果を評価対象として重視するかについて，重視のレベルによって1〜5の数値を回答し，平均値を四捨五入した値を設定
他社との比較 （重視項目）	情報システムの評価対象として，他社との比較を重視するかについて，重視のレベルによって1〜5の数値を回答した値を設定
業種に関する変数	
業　種	業種について，製造業と製造業以外（卸売業・小売業，サービス業）の2分類とした．0.製造業以外，1.製造業，としてダミー変数を設定

（出所）筆者作成

　まず，情報システム導入の目的・効果・障壁に関する変数についてみる．ここでは，情報システムを導入した目的と効果について，それぞれに同様の18項目の設問を設定し，5段階での回答を得た．5段階の評価は，導入の目的では「1.全く当てはまらない」，「2.あまり当てはまらない」，「3.まあまあ当てはまる」，「4.かなり当てはまる」，「5.非常に当てはまる」，導入の効果では「1.全く効果はない」，「2.あまり効果はない」，「3.まあまあ効果がある」，「4.かなり効果がある」，「5.非常に効果がある」とした．情報システム導入の目的・効果の設問とした18項目は，以下の通りである．

1.社内全体の人件費削減
2.情報システムの運用費削減
3.事業運用コストの削減
4.事業運用の円滑化
5.生産性（事業実施効率）の向上

6.人員の削減
7.顧客サービスの向上
8.物流機能の効果
9.製品・商品・サービスの品質向上
10.競合企業に対する競争力強化
11.顧客の増加
12.市場シェアの拡大
13.新規業務の開拓支援
14.協力企業との関係拡大・強化
15.市場の分析
16.経営情報データの分析支援
17.経営戦略策定、事業システム構築
18.組織内コミュニケーション円滑化

　これらの5段階評価による18項目については，そのままロジスティック回帰分析の変数とするには数が多い．そこで，目的，効果のそれぞれの18項目をいくつかのグループに分類し，グループごとに項目の回答を平均したものを説明変数とした．ここでは情報システムを導入した目的と効果について，実感したレベルに応じてグループ分けが可能ではないかと考えたため，項目データを順位データとみなして，クラスター分析を使用する．

　クラスター分析は，間隔の測度に平方ユークリッド距離を使用し，クラスター化にWard法を使用した．情報システム導入の目的，効果についてのクラスター分析の結果，得られたデンドログラムが図表6-18 情報システム導入の目的，図表6-19情報システム導入の効果である．図表6-18情報システム導入の目的については，非類似度を12で切断した結果，図表6-20の通り，4つのクラスターに分類された．分類したグループは，①生産性向上，②経費削減，③情報の活用，④営業支援とした．また，図表6-19 情報システム導入の効果については，非類似度を21で切断した結果，図表6-21の通り，4つのクラスターに分類された．分類したグループは，導入の目的と同様に①生産性向上，②経費削減，③情報の活用，④営業支援とした．

　変数「③情報の活用」については，誤解はあるかも知れないが，情報システムの高度活用マネジメントの条件2である，情報の活用と同じ名称を使用することにしている．ここでの変数「③情報の活用」は，条件2の情報の活用にお

第 6 章 中小企業における情報システムの高度活用についてのロジスティック回帰分析

図表6-18 情報システム導入の目的のデンドログラム

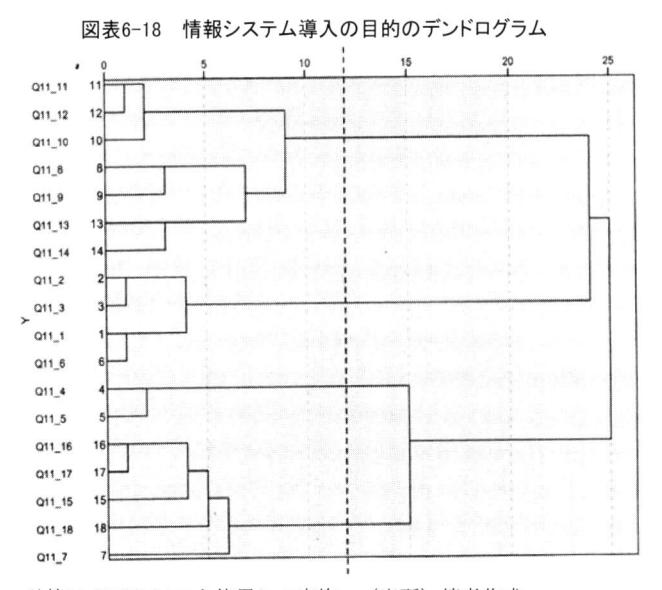

計算は SPSS 21.0 を使用して実施 　（出所）筆者作成

図表6-19 情報システム導入の効果のデンドログラム

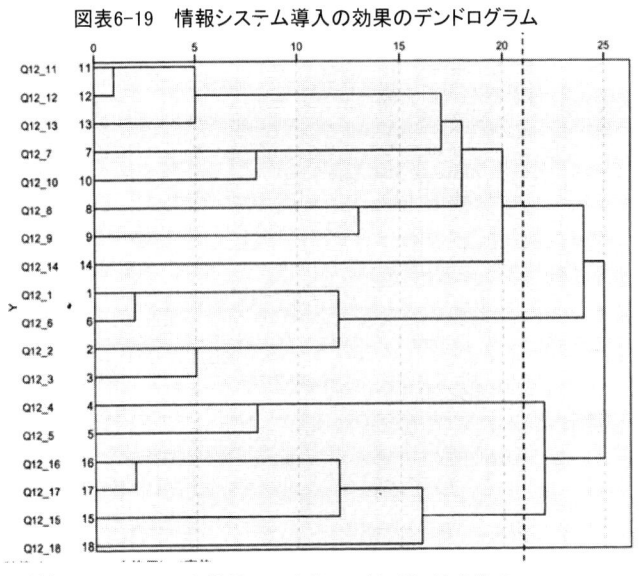

計算は SPSS 21.0 を使用して実施 　（出所）筆者作成

139

図表6-20 情報システム導入の目的のグルーピング

項番	導入目的	新グループ名
1	④事業運用の円滑化 ⑤生産性(事業実施効率)の向上	①生産性向上
2	①社内全体の人件費削減 ②情報システムの運用費削減 ③事業運用コストの削減 ⑥人員の削減	②経費削減
3	⑦顧客サービスの向上 ⑮市場の分析 ⑯経営情報データの分析支援 ⑰経営戦略策定、事業システム構築 ⑱組織内コミュニケーション円滑化	③情報活用
4	⑧物流機能の効果 ⑨製品・商品・サービスの品質向上 ⑩競合企業に対する競争力強化 ⑪顧客の増加 ⑫市場シェアの拡大 ⑬新規業務の開拓支援 ⑭協力企業との関係拡大・強化	④営業支援

(出所)筆者作成

図表6-21 情報システム導入の効果のグルーピング

項番	導入目的	新グループ名
1	④事業運用の円滑化 ⑤生産性(事業実施効率)の向上	①生産性向上
2	①社内全体の人件費削減 ②情報システムの運用費削減 ③事業運用コストの削減 ⑥人員の削減	②経費削減
3	⑮市場の分析 ⑯経営情報データの分析支援 ⑰経営戦略策定、事業システム構築 ⑱組織内コミュニケーション円滑化	③情報活用
4	⑦顧客サービスの向上 ⑧物流機能の効果 ⑨製品・商品・サービスの品質向上 ⑩競合企業に対する競争力強化 ⑪顧客の増加 ⑫市場シェアの拡大 ⑬新規業務の開拓支援 ⑭協力企業との関係拡大・強化	④営業支援

(出所)筆者作成

第6章　中小企業における情報システムの高度活用についてのロジスティック回帰分析

ける，情報の収集，情報の選定，情報の創出の3つのステップではなく，情報システム導入の目的と効果の結果をまとめた変数である．

次に，情報システム導入の障壁に関する変数についてみる．ここでは，情報システムを導入した際の障壁について，6項目の設問を設定し，5段階での回答を得た．5段階の評価は，「1.全く重要ではない」，「2.あまり重要ではない」，「3.まあまあ重要である」，「4.かなり重要である」，「5.非常に重要である」とした．情報システム導入の障壁の設問とした6項目は，以下の通りである．

1. 財政的要因
2. 技術的要因
3. 人材的要因
4. 企業文化的要因
5. 業態的要因
6. 市場環境的要因

さらに，情報システム導入の障壁についても，6項目をいくつかのグループに分類し，グループごとに項目の回答を平均したものを説明変数とすることとした．ここでは情報システムを導入する際の障壁について，重要であると感じたレベルに応じてグループ分けが可能ではないかと考えたため，項目データを順位データとみなして，クラスター分析を使用する．クラスター分析は，間隔の測度に平方ユークリッド距離を使用し，クラスター化に Ward 法を使用した．情報システム導入の障壁についてのクラスター分析の結果，得られたデンドログラムが図表6-22である．非類似度を12で切断した結果，図表6-23の通り，2つのクラスターに分類された．分類したグループは，①内的要因，②外的要因とした．

次に，情報システム評価に関する変数についてみる．評価に関する変数は，対象の設問を3つとした．1つ目の設問は，情報システムの評価を実施しているかであり，評価を実施している企業を1，評価を実施していない企業を0としてダミー変数化した．

2つ目の設問は，情報システムの評価を実施する際に，何らかの問題点や改善点を持っているかについてであり，最も問題点や改善点と考えている項目を選び出してもらった．この設問は，回答を1つ選択してもらう形式だったことから，設問のグループ化は実施していない．設問の選択肢は以下の8項目である．

図表6-22　情報システム導入の障壁のデンドログラム

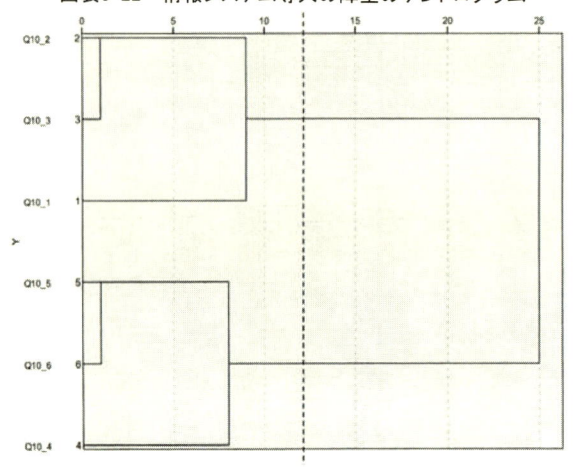

計算は SPSS 21.0 を使用して実施　　（出所）筆者作成

図表6-23　情報システム導入の障壁のグルーピング

項番	導入の障壁	新グループ名
1	①財政的要因 ②技術的要因 ③人材的要因	内的要因
2	④企業文化的要因 ⑤業態的要因 ⑥市場環境的要因	外的要因

（出所）筆者作成

1. 定量的に評価できない
2. 評価についてアドバイスを求める外部機関がない
3. 適切な評価手法の使い方が分からない
4. 適切な評価手法が見つからない
5. 評価をどうやって行って良いか分からない
6. 評価をする人員がいない
7. 評価に時間がかかる
8. 評価にコストがかかる

第6章　中小企業における情報システムの高度活用についてのロジスティック回帰分析

　3つ目の設問は，可能ならば，将来的に情報システムの評価ではどのような項目を評価対象として重視したいと考えているかについて，12項目の設問を設定し，5段階での回答を得た．5段階の評価は「1.全く重視しない」，「2.あまり重視しない」，「3.まあまあ重視したい」，「4.かなり重視したい」，「5.非常に重視したい」とした．情報システムの評価で将来的に重視したいとした12項目は，以下の通りである．

1. 情報システムの投資対効果の確認
2. 情報システムの品質・信頼性の確認
3. 情報システムの社員満足度の確認
4. 経営計画・情報化計画の実現・実効性の確認
5. 事業運用の効率化の確認
6. 事業運用のコスト削減効果の確認
7. 情報システムによる顧客増加効果の確認
8. 情報システムによる市場シェア拡大効果の確認
9. 売上に対する情報システムの貢献度の確認
10. 新規業務の開拓に対する支援効果の確認
11. 自社と他社の情報システムの比較
12. 経営方針決定の支援効果の確認

　これらの5段階評価による12項目については，そのままロジスティック回帰分析の変数とするには数が多い．そこで，情報システムの評価で将来的に重視したいとした12項目をいくつかのグループに分類し，グループごとに項目の回答を平均したものを説明変数とした．ここでは情報システムの評価で将来的に重視したいとした項目について，重視したレベルに応じてグループ分けが可能ではないかと考えたため，項目データを順位データとみなして，クラスター分析を使用する．クラスター分析は，間隔の測度に平方ユークリッド距離を使用し，クラスター化にWard法を使用した．情報システムの評価で将来的に重視したいとした項目についてのクラスター分析の結果，得られたデンドログラムが図表6-24である．非類似度を16で切断した結果，図表6-25の通り，3つのクラスターに分類された．分類したグループは，①直接の効果測定，②間接の効果測定，③他社との比較とした．

　最後に，業種に関する変数についてみる．業種に関する変数は，対象の設問を1つとした．対象の設問は，アンケート回答企業の業種について，「0.製造

業以外」,「1.製造業」として設定した.第5章において実施した主成分分析,クラスター分析により,業種での傾向が大きく異なるのは製造業と製造業以外であったことから,卸売業・小売業,サービス業をまとめて「0.製造業以外」として変数化した.サービス業については,アンケートで回答を求めた,情報通信業,運送業・郵便業,宿泊業・飲食サービス業,生活関連サービス業・娯楽業,サービス業(他に分類されない)をまとめたものである.

図表6-24　情報システム評価の重視項目のデンドログラム

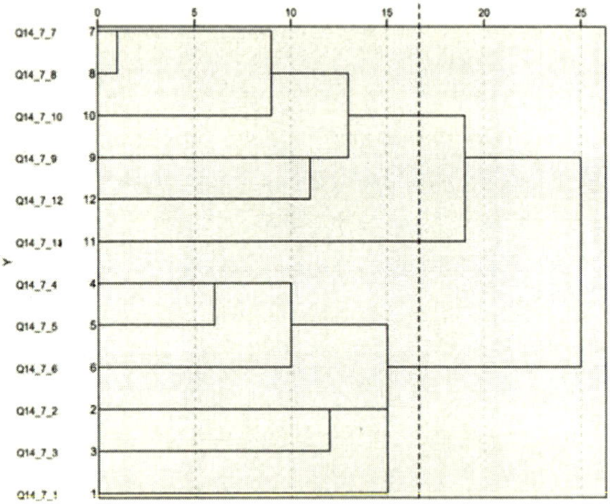

計算は SPSS 21.0 を使用して実施　　（出所）筆者作成

図表6-25　情報システム評価の重視項目のグルーピング

項番	導入の障壁	新グループ名
1	①情報システムの投資対効果の確認 ②情報システムの品質・信頼性の確認 ③情報システムの社員満足度の確認 ④経営計画・情報化計画の実現・実効性の確認 ⑤事業運用の効率化の確認 ⑥事業運用のコスト削減効果の確認	①直接の効果測定
2	⑦情報システムによる顧客増加効果の確認 ⑧情報システムによる市場シェア拡大効果の確認 ⑨売上に対する情報システムの貢献度の確認 ⑩新規業務の開拓に対する支援効果の確認 ⑫経営方針決定の支援効果の確認	②間接の効果測定
3	⑪自社と他社の情報システムの比較	③他社との比較

（出所）筆者作成

第6章　中小企業における情報システムの高度活用についてのロジスティック回帰分析

以上より，情報システムの高度活用企業を目的変数，「情報システム導入の目的・効果」に関する変数，「情報システムの評価」に関する変数，「業種と業務手順」に関する変数を説明変数としてロジスティック回帰分析を実施する．

第7節　結果とその解釈

前節で記述した変数を用いて，ロジスティック回帰分析を実施した．ロジスティック回帰分析を実施するにあたり，アンケート回答企業全体となる185社のうち欠損値を除いたサンプル数は135社，73.0％となった．そのうち，情報システムの高度活用企業は135社のうち29社，21.5％である．

情報システムの高度活用企業の記述統計量は図表6-26の通りである．情報システム導入の目的・効果に関する変数の導入の目的，効果における変数「③情報の活用」については，誤解はあるかも知れないが，情報システムの高度活用

図表6-26　変数の記述統計量（情報システムの高度活用企業）

			度数	最小値	最大値	平均値	標準偏差
情報システムの高度活用企業			185	0	1	.22	.413
情報システム導入の目的・効果・障壁に関する変数	導入の目的	①生産性向上 ②経費削減 ③情報の活用 ④営業支援	170 167 168 163	1 1 1 1	5 5 5 5	4.01 2.98 3.26 2.79	.870 .963 .856 .866
	導入の効果	①生産性向上 ②経費削減 ③情報の活用 ④営業支援	167 166 166 162	1 1 1 1	5 5 5 5	3.46 2.72 3.10 2.65	.890 .866 .916 .836
	導入の障壁	内的要因 外的要因	168 166	1 1	5 5	3.55 2.89	.818 .917
情報システムの評価に関する変数	評価の実施 評価の問題点		177 173	0 1	1 8	.27 3.56	.443 2.097
	重視する評価対象	直接の効果測定 間接の効果測定 他社との比較	173 173 174	1 1 1	5 5 5	3.59 3.08 2.75	.785 .955 1.028
業種に関する変数	業種		181	0	1	.45	.499
有効なケース数=135							

（出所）筆者作成

マネジメントの条件2である，情報の活用と同じ名称を使用することにしている．ここでの変数「③情報の活用」は，条件2の情報の活用における，情報の収集，情報の選定，情報の創出の3つのステップではなく，情報システム導入の目的と効果の結果をまとめた変数である．

情報システムの活用企業の説明変数をみると，情報システム導入の目的・効果に関する変数の導入の目的，①生産性向上，導入の効果，①生産性向上，導入の障壁の内的要因，情報システムの評価に関する変数の重視する評価対象，直接の効果測定を除いて，概ね最大値と最小値の中位近くに平均値が存在していると考えられる．情報システム導入の目的・効果に関する変数の導入の目的，①生産性向上，導入の効果，①生産性向上に関しては，情報システムによる直接的な効果に関する設問であり，他の設問と比較すると効果が明確に表れることから，平均値が高めに出ていると考えられる．情報システム導入の障壁の内的要因についても，財政的要因，技術的要因，人材的要因と中小企業において不足している経営資源の代表的な設問であることから，平均値が高めに出ていると考えられる．また，情報システムの評価に関する変数の重視する評価対象，直接の効果測定に関しても，情報システムの効果を直接に把握したいと考える設問であることから，他の設問と比較して，平均値が高めに表れていると推測される．

次に，情報システムの高度活用企業とアンケート回答企業全体について，各変数のクロス集計を行った．その結果は，図表6-27である．ここで，情報システムの高度活用企業の情報システム導入の目的・効果に関する変数についてみる．情報システムの高度活用企業とアンケート回答企業全体を比較すると，導入の目的では，情報システムの高度活用企業の方が，「③情報の活用」，「④営業支援」で多く回答されていることが分かる．情報システムを活用する際には，生産性向上や経費削減といった目的と比較して，情報の活用や営業支援といった目的は，より高度な情報システムの活用となる．PDCAサイクルと情報の活用といった施策を実施している情報システムの高度活用企業の方が，情報システムの導入目的としても高度なものを想定している傾向があることが明らかとなった．また，導入の効果でも，情報システムの高度活用企業の方が，「③情報の活用」，「④営業支援」で多く回答されていることが分かる．この結果からも，情報システムの高度活用企業の方が情報システムの高度な活用目的で効果を得られていることが分かった．

第6章 中小企業における情報システムの高度活用についてのロジスティック回帰分析

図表6-27 クロス集計の結果(情報システムの高度活用企業)

				高度活用企業 %	高度活用企業 N	全体 %	全体 N
合　計				100.0	40	100.0	185
情報システム導入の目的・効果・障壁に関する変数	導入の目的	①生産性向上	1.全く当てはまらない	2.5%	1	1.6%	3
			2.あまり当てはまらない	2.5%	1	1.6%	3
			3.まあまあ当てはまる	20.0%	8	19.5%	36
			4.かなり当てはまる	40.0%	16	40.5%	75
			5.非常に当てはまる	30.0%	12	28.6%	53
		②経費削減	1.全く当てはまらない	5.0%	2	5.4%	10
			2.あまり当てはまらない	22.5%	9	22.2%	41
			3.まあまあ当てはまる	42.5%	17	36.2%	67
			4.かなり当てはまる	22.5%	9	22.2%	41
			5.非常に当てはまる	―	―	4.3%	8
		③情報の活用	1.全く当てはまらない	2.5%	1	3.2%	6
			2.あまり当てはまらない	5.0%	2	9.7%	18
			3.まあまあ当てはまる	45.0%	18	42.7%	79
			4.かなり当てはまる	37.5%	15	30.3%	56
			5.非常に当てはまる	5.0%	2	4.9%	9
		④営業支援	1.全く当てはまらない	2.5%	1	4.3%	8
			2.あまり当てはまらない	27.5%	11	29.7%	55
			3.まあまあ当てはまる	45.0%	18	36.2%	67
			4.かなり当てはまる	15.0%	6	16.2%	30
			5.非常に当てはまる	2.5%	1	1.6%	3
	導入の効果	①生産性向上	1.全く効果はない	7.5%	3	2.7%	5
			2.あまり効果はない	5.0%	2	5.9%	11
			3.まあまあ効果がある	30.0%	12	38.9%	72
			4.かなり効果がある	40.0%	16	32.4%	60
			5.非常に効果がある	15.0%	6	10.3%	19
		②経費削減	1.全く効果はない	5.0%	2	6.5%	12
			2.あまり効果はない	37.5%	15	28.6%	53
			3.まあまあ効果がある	37.5%	15	40.0%	74
			4.かなり効果がある	17.5%	7	13.0%	24
			5.非常に効果がある	―	―	1.6%	3
		③情報の活用	1.全く効果はない	2.5%	1	3.8%	7
			2.あまり効果はない	10.0%	4	17.8%	33
			3.まあまあ効果がある	40.0%	16	38.4%	71
			4.かなり効果がある	35.0%	14	25.4%	47
			5.非常に効果がある	7.5%	3	4.3%	8
		④営業支援	1.全く効果はない	5.0%	2	5.9%	11
			2.あまり効果はない	25.0%	10	32.4%	60
			3.まあまあ効果がある	42.5%	17	35.7%	66
			4.かなり効果がある	20.0%	8	13.0%	24
			5.非常に効果がある	―	―	0.5%	1

	導入の障壁	内的要因	1.全く重要ではない	2.5%	1	1.6%	3
			2.あまり重要ではない	7.5%	3	6.5%	12
			3.まあまあ重要である	30.0%	12	30.8%	57
			4.かなり重要である	47.5%	19	44.3%	82
			5.非常に重要である	10.0%	4	7.6%	14
		外的要因	1.全く重要ではない	5.0%	2	6.5%	12
			2.あまり重要ではない	30.0%	12	21.1%	39
			3.まあまあ重要である	40.0%	16	41.1%	76
			4.かなり重要である	15.0%	6	18.4%	34
			5.非常に重要である	2.5%	1	2.7%	5
合 計				100.0	40	100.0	185
情報システムの評価に関する変数	評価の実施		0.評価を実施していない	50.0%	20	70.3%	130
			1.評価を実施している	47.5%	19	25.4%	47
	評価の問題点		1.定量的に評価できない	32.5%	13	28.1%	52
			2.評価についてアドバイスを求める外部機関がない	5.0%	2	4.9%	9
			3.適切な評価手法の使い方が分からない	2.5%	1	6.5%	12
			4.適切な評価手法が見つからない	27.5%	11	22.7%	42
			5.評価をどうやって行って良いか分からない	10.0%	4	16.2%	30
			6.評価をする人員がいない	2.5%	1	5.4%	10
			7.評価に時間がかかる	7.5%	3	6.5%	12
			8.評価にコストがかかる	5.0%	2	3.2%	6
	重視する評価対象	直接の効果測定	1.全く重視しない	―	―	1.1%	2
			2.あまり重視しない	―	―	4.3%	8
			3.まあまあ重視したい	37.5%	15	36.2%	67
			4.かなり重視したい	45.0%	18	42.2%	78
			5.非常に重視したい	12.5%	5	9.7%	18
		間接の効果測定	1.全く重視しない	5.0%	2	4.9%	9
			2.あまり重視しない	17.5%	7	18.4%	34
			3.まあまあ重視したい	40.0%	16	40.5%	75
			4.かなり重視したい	30.0%	12	23.8%	44
			5.非常に重視したい	5.0%	2	5.9%	11
		他社との比較	1.全く重視しない	5.0%	2	10.3%	19
			2.あまり重視しない	30.0%	12	28.1%	52
			3.まあまあ重視したい	40.0%	16	36.2%	67
			4.かなり重視したい	17.5%	7	14.1%	26
			5.非常に重視したい	5.0%	2	5.4%	10
業種に関する変数	業種		0.製造業以外	57.5%	23	54.1%	100
			1.製造業	40.0%	16	43.8%	81

（出所）筆者作成

第 6 章　中小企業における情報システムの高度活用についてのロジスティック回帰分析

　続いて，情報システムの評価に関する変数についてみる．評価の実施に関しては，情報システムの高度活用企業の方が，評価を 2 倍近く多く実施している．評価の問題点に関しては，情報システムの高度活用企業の方が「1.定量的に評価できない」，「4.適切な評価手法が見つからない」の回答が多い結果となった．アンケート回答企業全体では，「5.評価をどうやって行って良いか分からない」が多く回答される結果となった．このことからは，情報システムの高度活用企業では，既に評価を実施しており，その際の具体的な問題点を挙げているのに対し，アンケート回答企業全体では，評価をする以前にどうやって実施をしたら良いのかといったところに留まっていることが明らかになった．もう 1 つの変数である「重視する評価対象」に関しては，情報システムの高度活用企業の方が，多少，間接の効果測定を重視している傾向がみられる．

　最後に，業種に関する変数についてみる．業種では，アンケート回答企業全体と比較して，高度活用企業では製造業以外が3％程度多い結果となっている．

　クロス集計に引き続いて，ロジスティック回帰分析を実施した．ロジスティック回帰分析には SPSS21.0 を用いた．分析には，二項ロジスティック回帰分析の強制投入法を使用した．情報システム導入の目的・効果に関する変数の導入の目的，効果における変数「③情報の活用」については，誤解はあるかも知れないが，情報システムの高度活用マネジメントの条件 2 である，情報の活用と同じ名称を使用することにしている．ここでの変数「③情報の活用」は，条件 2 の情報の活用における，情報の収集，情報の選定，情報の創出の 3 つのステップではなく，情報システム導入の目的と効果の結果をまとめた変数である．情報システムの高度活用企業の結果は図表6-28である．統計的な有意性からみれば Cox & Snell R2 と Nagelkerke R2 は，本来受け入れられる結果ではないが，アンケート調査に対しロジスティック回帰分析を実施している先行研究サーベイ（渋谷［2004］，砂原［2005］，鈴木［2005］）の結果，決定係数が同程度でも受け入れられていることを確認した．そこで，本研究でも先行研究に依拠し，結果の採用に至った*117．結果をもとに以下に分析を行う．

　図表6-28のロジスティック回帰分析の結果から，仮説 6 である「情報システムによって効果が出ている分野と該当の業種の主要業務で必要とされる効果が一致している．」，仮説 7 である「情報システムの高度活用企業は，情報システムの評価を重視し，実施も行っている．」，仮説 8 である「情報システムの高度活用企業は，情報システム導入の際の障壁が低い．」を検証する．

図表6-28　ロジスティック回帰分析の結果(情報システムの高度活用企業)

			高度活用企業		
			B		Exp(B)
情報システム導入の目的・効果・障壁に関する変数	導入の目的	①生産性向上 ②経費削減 ③情報の活用 ④営業支援	-.565 .810 -.774 -.075		.568 1.085 .461 .927
	導入の効果	①生産性向上 ②経費削減 ③情報の活用 ④営業支援	.047 .078 1.158 .668	**	1.048 1.081 3.184 1.597
	導入の障壁	内的要因 外的要因	.143 -.695	*	1.154 .499
情報システムの評価に関する変数	評価の実施	0.評価を実施していない 1.評価を実施している(ref)	-1.359 —	**	.257 —
	評価の問題点	1.定量的に評価できない 2.評価についてアドバイスを求める外部機関がない 3.適切な評価手法の使い方が分からない 4.適切な評価手法が見つからない 5.評価をどうやって行って良いか分からない 6.評価をする人員がいない 7.評価に時間がかかる 8.評価にコストがかかる(ref)	-1.229 -2.009 -1.831 -.435 -1.789 -2.199 -3.219 —	*	.293 .134 .160 .647 .167 .111 .040 —
	重視する評価対象	直接の効果測定 間接の効果測定 他社との比較	.505 -.468 .539	*	1.657 .626 1.715
業種に関する変数	業種	0.製造業以外 1.製造業(ref)	.656 —		1.926 —
定　数			-.569		.566
Cox & Snell R2			.207		
Nagelkerke R2			.320		

***:有意水準 1%　**:有意水準 5%　*:有意水準 10%　計算はSPSS 21.0 で行った

(出所) 筆者作成

第6章　中小企業における情報システムの高度活用についてのロジスティック回帰分析

　仮説6は,「情報システムによって効果が出ている分野と該当の業種の主要業務で必要とされる効果が一致している.」とした．図表6-28のロジスティック回帰分析の結果より，情報システム導入の目的・効果・障壁に関する変数の導入の効果では，③情報の活用において有意水準5％でプラスの効果が出ている．その他の導入の効果の変数でも，①生産性向上，②経費削減，④営業支援のすべてにおいても有意ではないが，プラスの効果が出ている．特に④営業支援には強くプラスの効果が出ている．業種に関する変数の業種をみると，有意な結果ではないが，非製造業にプラスの効果が出ている．

　これらの結果から，有意ではないが，非製造業においては，③情報の活用と④営業支援にプラスの効果が出ているということができる．情報システムによって効果が出ている③情報の活用と④営業支援と非製造業の主要業務で必要とされる効果がある程度は一致していることから，仮説6に関してはある程度支持する結果となった．

　続いて，仮説7である,「情報システムの高度活用企業は，情報システムの評価を重視し，実施も行っている.」の検証をする．図表6-28の情報システムの評価に関する変数の評価の実施より，評価を実施していないに有意水準5％でマイナスの効果が出ている．つまり，情報システムの高度活用企業は評価を実施していることが明らかとなった．さらに，評価の問題点についてみる．評価の問題点では,「7.評価に時間がかかる」に有意水準5％でマイナスの効果が出ている．その他，評価の問題点のすべての項目で，有意ではないが，マイナスの効果が出ている．この結果から，情報システムの高度活用企業は，情報システムの評価の価値を認め，そのために経営資源を費やし，評価手法を確立して評価を実施していることが分かった．

　また，重視する評価対象については，他社との比較に有意水準10％でプラスの効果が出ている．他社との比較は，他社の導入している情報システムとの比較についての項目である．このことから，情報システムの高度活用企業では，他社の導入した情報システムの動向に関しても，情報を求めていることが明らかとなった．直接の効果測定と間接の効果測定については，有意ではないが，直接の効果測定にプラスの効果が，間接の効果測定にマイナスの効果が出ている．これは，情報システムの評価は，情報システムから得られた直接の効果のみを対象としており，導入した結果，間接的に業務に貢献するような効果には重きを置いていないことが明らかとなった．仮説7に関しては，情報システムの高度活用企業は，情報システムの評価を重視し，実施も行っていることから，

支持する結果となった．

　最後に，仮説8である「情報システムの高度活用企業は，情報システム導入の際の障壁が低い．」の検証を実施する．情報システム導入の目的・効果・障壁に関する変数の導入の障壁をみると，外的要因に有意水準10%でマイナスの効果が出ている．内的要因に関しては，有意ではないが，プラスの効果が出ている．この結果から，情報システムの高度活用企業は，外的要因が障壁となることは少なかったが，財政的要因，技術的要因，人材的要因といった，中小企業においては不足しがちな経営資源に関しては，ある程度の障壁となったということが分かった．仮説8に関しては，情報システムの高度活用企業は，情報システム導入の際の障壁がある程度は低いという結果から，一部支持される結果となった．

　以上から，情報システムの高度活用企業においては，生産性向上やコスト削減といった製造に関わる情報システムの活用よりも，情報の活用や営業支援などの営業に関わる情報システムの活用に効果が表れていることが明らかとなった．この結果は，情報システムによる生産性向上やコスト削減といった一過性の効果は，コモディティ化しやすいことから，持続的な効果を得るためには，模倣が困難な独自の活用が求められるといった前田［2005］の先行研究に一致する*118．また，情報システムの評価に関しても，情報システムの効果を把握するためには，必ず実施しなければならない施策である．そのことを理解し，情報システムの評価を実施することが，情報システムの高度活用には不可欠であることを示唆している．情報システム導入の際の障壁に関しては，外的要因よりも，財政的要因，技術的要因，人材的要因といった，中小企業において不足している経営資源であるヒト・モノ・カネが要因となっていることが明らかとなった．

　このように，ロジスティック回帰分析を用いた分析の結果から，自社の業務に合った分野の情報システムに効果が出ていると考えられる．また，情報システムの高度活用企業では，情報システムの評価の意味を理解し，自社で採用した手法を利用して評価を実施している．これらの結果は，第5章の主成分分析，クラスター分析で得られた，自社の業務に合った分野の情報システムに注力することにより，その効果を獲得しやすくなると，概ね一致している．

　現在では，情報システムは，さまざまな分野に導入され，利用をされている．中小企業においても，情報システムの導入が一般的となり，ほとんどの分野に導入がなされている．しかしながら，中小企業における情報システムの高度活

第6章　中小企業における情報システムの高度活用についてのロジスティック回帰分析

用企業が限られていることからも，その活用はあまり進んでいないのが現状である．それには，情報システムを導入することによる省力化，効率化に目が向き，導入した後に，どのようにして効果的に情報システムを活用するかの視点が欠けていたのではないかと推測することができる．そこで，情報システムの導入が一巡した後に，情報システムの改善や再構築を行う際には，対象となる情報システムは自社の業務に合った分野を選定するといった指針を持つことが望まれる．注力する情報システムの分野を絞ることで，経営資源を集中して投下することができるようになり，効果も得やすくなると考えられる．

　また，情報システムの高度活用マネジメントにおいて鍵となるのが，情報システムの評価である．大企業では，情報システムの評価はかなり定着してきている．しかしながら，本研究のアンケート調査からも明らかな通り（第1回調査では28.1%，第2回調査では25.4%），中小企業では，情報システムの評価を実施している企業が多いとはいえない．これには，大企業などで利用されている情報システムの評価の手法が専門家以外には理解が難しい内容であることが一因となっていると考えられる．その他にも，評価に割くコスト，時間がないといったことも要因となっていると考えられる．

　しかし，情報システムの評価は，必ずしも難しい手法を用いらなければならないものではない．自社で利用している情報システムが導入目的に見合ったものであるか，改善点はないかなどを明らかにし，改善に繋げることが重要なのである．そのためのチェックリストなども自社で作成することによっても，情報システムの評価は充分に可能である．このように，中小企業においては，いまだ実施をしている企業の少ない情報システムの評価を推し進める必要があると考えられる．

第7章
結論と今後の課題

第 1 節　本研究の結論

　中小企業は，大企業と比較して，一般的に経営資源に乏しいとされている．しかしながら，企業の規模が小さいことから，意思決定などを迅速に行うことができるといった利点も存在している．このような特徴を持つ中小企業の競争力を高めるためには，情報システムを有効に活用することが重要であると考える．そこで，本研究では，中小企業を対象に，情報システムの高度活用の促進に貢献する仕組みと効果の関係性を明らかにすることを目標とした．

　第4章では，経済産業省による「中小企業 IT 経営力大賞」を事例として，情報システムの高度活用マネジメントについて検証をした．高度活用マネジメントは，以下の仮説1，仮説2のどちらかの実施が条件となる．

・仮説1
　　情報システムの高度活用企業は，情報システムの計画から導入，評価，改善の PDCA サイクルが実施できている．
・仮説2
　　情報システムの高度活用企業は，情報システムによって収集，選定した情報を活用し，経営に役立てている．

　中小企業 IT 経営力大賞の事例ピックアップをもとに，83社を対象として情報システムの高度活用マネジメントの実施状況を検証した．その結果は，PDCA サイクルの実施が，83社のうち59社，71.1％，情報の活用の実施は，83社のうち53社，63.9％となった．さらに，PDCA サイクル，または情報の活用のどちらかを実施している，情報システムの高度活用企業と考えられる企業は，

155

83社のうち72社，86.7％と非常に高い結果となった．

　この結果は，高度活用マネジメントであるPDCAサイクルの実施と情報の活用の実施が，情報システムの高度活用に重要な役割を果たしていることを明らかにしている．以上から，仮説1と仮説2は支持される結果となった．第5章以降では，情報システムの計画から導入，評価，改善のPDCAサイクルの実施を情報システムの高度活用の条件1，情報システムから得られた情報の活用をするための3つのステップ（第1のステップ（情報の収集），第2のステップ（情報の選定），第3のステップ（情報の創出））の実施を情報システムの高度活用の条件2として分析を行った．

　第5章では，第1回のアンケートの「中小企業における情報活用力とIT化に関するアンケート調査」を対象として，情報システムの導入計画と情報システムの適用分野を中心として分析を行った．第5章における仮説は，以下の通りである．

・仮説3
　　業務系システム導入の重視度をy軸，管理系システム導入の重視度をx軸として中小企業を分類すると下記の4つのクラスターに分類することができる．
　　　第1クラスター：管理系システムの導入を重視している企業（x軸のプラス方向に分布）
　　　第2クラスター：業務系システムを導入している企業（y軸のマイナス方向に分布）
　　　第3クラスター：管理系システムを導入している企業（x軸のマイナス方向に分布）
　　　第4クラスター：業務系システムの導入を重視している企業（y軸のプラス方向に分布）
・仮説4
　　情報システムの高度活用企業は，第1クラスター：管理系システムの導入を重視している企業と第4クラスター：業務系システムの導入を重視している企業に多く分布する．

仮説5
　　情報システムの高度活用企業は，既に導入が進んでおり，更改による情報システムの導入が多い．

第 7 章　結論と今後の課題

　第 1 回のアンケート調査は，全国4,500社の中小企業を対象として2009年8月に実施し，778社からの回答が得られ，回収率は17.3%となった．第 1 回のアンケートの「中小企業における情報活用力と IT 化に関するアンケート調査」を検証した結果，情報システムの高度活用の条件である，PDCA サイクルを実施できている中小企業は，778社のうち54社，6.9%と非常に少ないことが明らかとなった．同様に，情報システムの高度活用に条件である，情報の活用ができている中小企業に関しても，778社のうち134社，17.2%と多くはない結果となった．次に，PDCA サイクルの実施企業と情報の活用の実施企業の分析で得られた結果から，どちらかの施策を実施している企業を導出することにより，情報システムの高度活用企業を明らかにする．その結果は，アンケート回答企業全体の778社のうち171社の22.0%であった．

　この情報システムの高度活用企業を対象に，仮説の検証を実施した．まず，情報システムの適用分野の計画を対象に主成分分析を行った．主成分分析の結果，第 1 主成分は「営業重視度」，第 2 主成分は「製造重視度」と名付けられた．これらをもとに，x 軸を営業重視度，y 軸を製造重視度として，クラスター分析を実施した．

　仮説 3 では，x 軸を管理系システム重視度，y 軸を業務系システム重視度と想定していたが，主成分分析の結果から，業務系システム，管理系システムのように情報システムの適用分野を総合した形によって第 1 主成分と第 2 主成分が分かれるのではなく，情報システムの使われ方を総合した形によって分かれていることが明らかとなった．仮説 3 を検証すると，以下の通りとなる．

第 1 クラスター：高度活用営業重視企業
　仮説では「管理系システムの導入を重視している企業」として，サービス業における情報システムの高度活用企業がこのクラスターに分類されると考えたが，実際にはサービス業で分類された企業は少なく，卸売業・小売業の高度活用企業が多く分類される結果となった．
第 2 クラスター：非製造企業
　仮説では「業務系システムを導入している企業」として，製造業を中心として，卸売業・小売業，サービス業も分類されると考えたが，実際は卸売業・小売業，サービス業が中心として分類される結果となった．また，情報システムを導入はしているが，高度な活用には至っていない，あるいは活用できていない企業が分類されるとした点については，仮説の通りの結果となっ

た.
　第3クラスター：中小企業の平均企業
　概ねクラスター分析の対象企業の平均的な結果が体現されている．情報システムを導入はしているが，高度な活用には至っていない，あるいは活用できていない企業が分類されるとした点については，仮説の通りの結果となった．また、業種に関しては，製造業，卸売業・小売業，サービス業のそれぞれが想定通りに分類される結果となった．
　第4クラスター：高度活用製造重視企業
　仮説での業務系システムの活用ではなく製造重視ではあるが，情報システムの高度活用企業と考えられる企業が分類される結果となった．また，卸売業・小売業の企業だけではなく，サービス業の企業も分類されているが，これらの企業は，第4クラスターの製造重視度が0近辺にほとんどの企業が配置される結果となった．

　仮説3の第1クラスターから第4クラスターまでに分布する企業の特徴に関しては，概ね仮説を支持する結果となった．しかしながら，主成分分析によって求められたx軸，y軸に関しては，業務系システム導入の重視度や管理系システム導入の重視度といった単純な分類ではなく，営業重視度と製造重視度といった業務に関わる分類となった．
　さらに検証を進めた結果，情報システムの高度活用企業が分類すると考えられる，第1クラスター：高度活用営業重視企業では，顕著に情報システムの再構築を検討している企業が多いことが明らかとなった．さらに，第1クラスター：高度活用営業重視企業では，情報システムを営業支援に活用しているだけではなく，製造業に関わる情報システムについても再構築を検討していたことから，このクラスターには，情報システムを高度に活用している製造業も分類されていると考えられる．つまり，第1クラスター：高度活用営業重視企業は，製造業，卸売業・小売業，サービス業のすべてにおいて，情報システムの高度活用企業が分類されるクラスターであることが明らかとなった．
　第4クラスター：高度活用製造重視企業については，情報システムの高度活用企業が分類されると考えられるが，第1クラスター：高度活用営業重視企業と比較をすると，情報システムの再構築を検討している企業が少ない結果となった．このことから，第4クラスター：高度活用製造重視企業は，情報システムの高度活用を実施してはいるが，製造業に関わる情報システムにのみ注力を

第7章 結論と今後の課題

しており，営業支援や社内情報共有といった適用分野にはあまり興味を持っていない企業が分類されていることを示唆する結果となった．

第2クラスター：非製造企業は，非製造業が分類されていることから，製造業に関わる情報システムでの再構築を検討している企業の割合が少なくなっている．その他の製造業に関わらない情報システムに関しては，第4クラスター：高度活用製造重視企業と同等か，それ以上の割合の企業が再構築を検討していることが分かる．このことから，第2クラスター：非製造企業は，現状では，情報システムの高度活用企業には分類されていないが，今後は高度活用企業になる可能性のある，情報システムの導入計画が旺盛なクラスターであるということができる．

第3クラスター：中小企業の平均企業をみてみると，他のクラスターと比較して，システムの再構築を検討している企業が非常に少ない結果となっている．営業系の情報システムや製造系の情報システムといった傾向もなく，すべての情報システムについて，再構築を検討していないことが分かる．第3クラスター：中小企業の平均企業は，その名の通り，中小企業の平均的な姿を表すクラスターである．そのクラスターにおいて，情報システムの再構築の検討がほとんどされていないという結果となった．

以上の分析から，仮説3についてはクラスターの特徴のみを支持する結果となった．仮説4については，仮説を支持する結果，仮説5については，仮説を概ね支持する結果を得られた．

最後に，第6章では，第2回のアンケート調査である「情報システムの活用・評価に関するアンケート調査」を対象として，情報システムの高度活用企業の特徴の分析を行った．情報システムの高度活用企業の特徴を洗い出すことにより，情報システムの高度活用を促進するための仕組みと効果の関係を明らかにした．第6章における仮説は，以下の通りである．

・仮説6
　情報システムによって効果が出ている分野と該当の業種の主要業務で必要とされる効果が一致している．
・仮説7
　情報システムの高度活用企業は，情報システムの評価を重視し，実施も行っている．
・仮説8

情報システムの高度活用企業は，情報システム導入の際の障壁が低い．

　第2回のアンケート調査は，第1回のアンケート調査で回答のあった778社を対象として2010年10月に実施し，185社から回答が得られ，回答率は23.8%となった．「情報システムの活用・評価に関するアンケート調査」を検証した結果，情報システムの高度活用の条件である，PDCAサイクルを実施できている中小企業は，アンケート回答企業全体185社のうち28社の15.1%となった．同様に，情報システムの高度活用の条件である，情報の活用ができている中小企業に関しては，185社のうち29社の15.7%となった．
　ここで，PDCAサイクル実施と情報の活用の分析で得られた結果から，どちらかが実施できている企業を導き出すことにより，情報システムの高度活用企業を明らかにした．その結果は，アンケート回答企業全体の185社のうち40社の21.6%であった．これらの情報システムの高度活用企業を対象に，仮説6～仮説8の検証を実施した．
　仮説6は，「情報システムによって効果が出ている分野と該当の業種の主要業務で必要とされる効果が一致している．」とした．ロジスティック回帰分析の結果より，有意ではないが，非製造業においては，情報の活用と営業支援にプラスの効果が出ているということができる．つまり，仮説6に関しては，情報システムによる効果と非製造業の主要業務で必要とされる効果がある程度は一致しているということができる．
　続いて，仮説7である，「情報システムの高度活用企業は，情報システムの評価を重視し，実施も行っている．」の検証をする．ロジスティック回帰分析の結果より，情報システムの高度活用企業は評価を実施していることが明らかとなった．さらに，情報システムの高度活用企業は，情報システムの評価の価値を認め，そのために経営資源を費やし，評価手法を確立して評価を実施していることが分かった．このように，仮説7に関しては仮説を支持する結果となった．
　最後に，仮説8である「情報システムの高度活用企業は，情報システム導入の際の障壁が低い．」の検証を実施した．ロジスティック回帰分析の結果より，財政的要因，技術的要因，人材的要因といった，中小企業においては不足しがちな経営資源に関しては，ある程度の障壁となったということが分かった．仮説8に関しては，情報システムの高度活用企業は，情報システム導入の際の障壁がある程度は低いという結果になった．

第 7 章　結論と今後の課題

　以上から，中小企業が情報システムの高度活用をするために，高度活用マネジメントである，PDCA サイクルの実施，情報の活用の実施が貢献することが明らかとなった．また，x 軸を営業重視度，y 軸を製造重視度としたクラスター分析の結果，第 1 クラスター：高度活用営業重視企業，第 4 クラスター：高度活用製造重視企業が分布することが分かった．さらに，目的変数に情報システムの高度活用企業を設定したロジスティック回帰分析を実施した結果，高度活用企業は，自社の業務に適合した情報システムを導入し，評価を実施することにより，効果を得ていることが明らかとなった．

　以上の分析から，中小企業が情報システムを高度に活用するためには，情報システム対する PDCA サイクルと情報システムから得られた情報の活用を実施することによる，情報システムの高度活用マネジメントが大きな役割を果たすことが明らかとなった．さらに，中小企業であっても，情報システムを導入する分野は多岐に渡るが，その中から，自社の主要な業務の分野を選択し，その分野の情報システムのマネジメントに注力することにより，効果を獲得しやすくなるという結果も得ることができた．ここで，情報システムの高度活用マネジメントの中で，最も実施するのが難しいと考えられているのが，PDCA サイクルの実施における Check である．Check は情報システムの評価に相当するが，いまだ，情報システムを評価する手法には，決め手が存在しない．企業，コンサルタント，研究者などが各々手法を提案する状態が続いているのである．これらの手法は，正確に情報システムの投資効果を測定するために，概して複雑かつ，詳細なチェック内容となっている．しかしながら，情報システムを評価するまでの障壁が高いことから，実施が進展しないようでは本末転倒である．そこで，自社で簡易的な情報システムのチェックリストを作成し，自社の情報システムの現状とあるべき姿との乖離を確認することにより，今後の改善につなげることができると考えられる．

　導入したまま，手を入れずに改善をしない情報システムも，無計画に，その場しのぎの対策を繰り返す情報システムも，結果的には品質が向上しない．情報システムの評価は，必ずしも最初から高度な手法を用いて，厳密かつ，詳細に実施をしなくても良い．計画をもとに導入をし，評価結果を反映するといった PDCA サイクルを実施することで，情報システムの品質は向上するのである．当初は，簡易的なチェックリストであっても，改善を継続することで，内容は充実してくる．内容の充実したチェックリストを情報システムに適用することにより，改善個所も明確となり，品質の向上につながっていく．一般に経

営資源に乏しいとされる中小企業にとっても，無理のない範囲で情報システムの評価を実施することで，企業にとって大きな改善へと結び付くと考えられる．

次に，情報の活用に関しては，PDCA サイクルと比較して，比較的に多くの中小企業が実施をしているが，それでも実施企業が多いというほどではない．情報の活用の3つのステップである，情報の収集，情報の選定，情報の創出のうち，実施をしている企業が最も少ないのが，情報の創出である．情報の創出に関しても，PDCA サイクルの Check である情報システムの評価と同様に，中小企業においては，概して情報システムから得られた情報をどのように活用することによって，付加価値を生み出すのかといった，将来の形を思い描くことができていないことが原因であると考えられる．付加価値を生み出すような情報は，すなわち，自社の業務にとって中心となるような情報である．その情報を活用することにより，既存のビジネスの改善や新規ビジネスが始まることもある．情報から価値を引き出せるかによって，企業の業績は大きく向上すると考えられる．

そのためにも，情報システムによって収集された情報を選定し，価値ある情報を創出しなければならないのである．ここでも，やみくもに対象の情報を選定すれば良い訳ではなく，経営戦略などの全社的な方針をもとに対象の情報を選定し，どう活用するかを考える必要がある．そうすることにより，場当たり的な情報の活用が避けられ，全社の意思決定にもとづいた活用が推し進められる．PDCA サイクルの実施と比較して，情報の活用の実施は，正しいプロセスで実施をしても，結果が実を結ばないこともある．しかしながら，情報システムから得られた情報を活用するために，試行錯誤をすることにより，独自性を持った，付加価値を持った情報の活用ができるようになるのである．それこそが，持続的な競争優位に繋がるような情報の活用となる．

以上のように，本研究において，情報システムを高度に活用するために貢献する，高度活用マネジメントである，PDCA サイクルの実施と情報の活用の実施についてみてきた．本研究における情報システムの高度活用マネジメントは，実施内容を細かく定義しないことにより，中小企業の所有している資源によって，その実施の度合いを調整できるのが特徴である．これまでに，全く高度活用マネジメントを実施していなかった中小企業は簡易な情報システムの高度活用マネジメントから手をつけることも可能である．ある程度，実施を進めている中小企業では，高度活用マネジメントのプロセスを詳細化し，計画と実績の管理が可能となる．

第 7 章　結論と今後の課題

　このように，中小企業が情報システムの高度活用をするためには，自社の業務に適合した情報システムの導入計画を立案し，導入を進め，さらに評価を実施していくことが重要である．また，情報システムの高度活用マネジメントである，PDCA サイクルの実施，情報の活用の実施も併せて実施する必要があると結論づけることができる．

第 2 節　今後の課題

　今後は，本研究で明らかにした情報システムの高度活用企業と高度活用マネジメントについて，ヒアリング調査などを使用し，実証を進めていきたいと考えている．本研究では，アンケート調査を使用したことから，事例研究をすることにより，情報システムの高度活用マネジメントの実効性について検証を実施する予定である．

　本研究では，情報システムの高度活用に貢献するフレームワークを構築し，その効果を分析の対象とした．その結果，情報システムを高度に活用するための仕組みと各社が行っている施策の傾向について明らかになったと考えられる．つまり，情報システムを高度に活用するためには，「こうした方が良い」といったことについては知見を得ることができた．これは，情報システムを高度に活用できていないのは，「こんなことをやってしまっているから」についての手がかりになると考えられる．この手がかりをもとにして，情報システムの高度活用ができていない企業について，効果の出ない理由などについてを今後の研究課題としたい．

　また，アンケートでは，e コマースに関しての設問が存在している．本研究では，中小企業における情報システムの活用に焦点を当てていたことから，e コマースに関しての分析は実施しなかった．中小企業における情報システム活用の先端事例では，e コマースを利用することによる直接取引などをみることができる．そのことからも，これまでに実施した高度活用企業と e コマースを交えて研究を進めていきたいと考えている．

　中小企業においては，本研究の結果からも情報システムの高度活用マネジメントである，PDCA サイクル，情報の活用の実施は，大企業ほどには実施されていないのは明らかである．このように，概して中小企業では，情報システムの高度活用は，大企業と比較して遅れている．それに対し，大企業の多くでは，品質管理分野の ISO9001 や情報セキュリティ分野の ISO27001，プライ

バシーマークなどが導入されており，PDCA サイクルの実施については，ある程度は根付いていると考えられる．情報の活用に関しては，会議資料，報告資料を作成する都合上，実施されていると想定される．しかしながら，情報の活用レベルを測定するような，一般的な評価手法は存在しない．どの程度，情報システムを活用するのかを社内で定め，その達成状況を確認するのが一般的ではないかと考えられる．

　本研究では，これまで評価手法が確立されていなかった情報の活用に焦点を当てることができた．今後は，情報の活用の分析枠組みを大企業にも適用可能なものに修正し，大企業における情報の活用などについても着眼をしていきたい．

　その他，近年，情報システムのコスト削減やメンテナンスを手間の軽減といった面から，利用が拡大しているサービスに，クラウド・コンピューティングがある．これらの利点からも，中小企業に注目されていることから，中小企業におけるクラウド・コンピューティングの活用も今後の研究課題としたいと考えている．

注

注
1 遠山暁＝村田潔＝岸眞理子［2008］11頁．
2 宮川公男［2004］9頁．
3 森川信男［2006］170頁．
4 Powell, T.C.=Dent-Micallef, A.［1997］pp.375-405.
5 前田公彦［2005］345〜366頁．
6 Levy, M.=Powell, P.=Yetton, P.［2002］pp.341-354.
7 遠山暁＝松嶋登［2010］44〜55頁．
8 Brynjolfsson, E.［2004］訳書 81頁．
9 Levy, M.=Powell, P.［1998］pp.183-196.
10 Brynjolfsson, E.［2004］訳書 207〜272頁．，平野雅章［2007］43〜69頁．
11 Wiseman, C.M.［1989］訳書 95頁．，松島桂樹［1999］97頁．
12 大串葉子＝松島桂樹［2007］97〜112頁．，根来龍之＝吉川徹［2006］1〜75頁．
13 Wiseman, C.M.［1989］訳書 83頁．
14 平本健太［2007］6頁．
15 遠山暁＝村田潔＝岸眞理子［2008］16頁．
16 島田達巳＝海老澤栄一［1989］63頁．
17 Wiseman, C. M.［1989］訳書 12頁．
18 Nolan, R.L.［1979］pp.115-126.，宮川公男［2004］16頁．
19 同上書 pp.115-126. 同上書 16〜18頁．
20 Synnott, W.R.［1988］訳書 80頁．
21 松島桂樹［1999］47頁．
22 工藤市兵衛［1988］75頁．
23 工藤市兵衛［1988］74頁．
24 遠山暁［1998］37頁．
25 遠山暁＝村田潔＝岸眞理子［2008］58頁．
26 Wiseman, C.M.［1989］訳書 13頁．
27 同上書 13頁．
28 宮川公男［2004］122頁．
29 宮川公男［2004］122頁．
30 遠山暁［1998］43頁．
31 遠山暁＝村田潔＝岸眞理子［2008］59頁．
32 遠山暁［1998］44頁．
33 同上書 53頁．
34 工藤市兵衛［1988］81頁．
35 同上書 81頁．

36 遠山曉 [1998] 59頁.
37 杉原敏夫＝菅原光政＝上山俊幸 [1997] 125頁.
38 工藤市兵衛 [1988] 84頁.
39 宮川公男 [2004] 129頁.
40 同上書 136～137頁.
41 遠山曉＝村田潔＝岸眞理子 [2008] 66頁.
42 遠山曉＝村田潔＝岸眞理子 [2008] 67頁.
43 遠山曉 [1998] 81頁.
44 同上書 82～83頁.
45 杉原敏夫＝菅原光政＝上山俊幸 [1997] 145頁.
46 Wiseman, C.M. [1989] 訳書 88頁.
47 島田達巳＝海老澤栄一 [1989] 46頁.
48 杉原敏夫＝菅原光政＝上山俊幸 [1997] 146～147頁.
49 宮川公男 [2004] 158～159頁.
50 Synnott, W.R. [1988] 訳書 79頁.
51 同上書 79頁.
52 遠山曉＝村田潔＝岸眞理子 [2008] 73頁.
53 遠山曉＝村田潔＝岸眞理子 [2008] 76～77頁.
54 中小企業庁 [2012] 凡例 10頁，〈http://www.chusho.meti.go.jp/pamflet/hakusyo/H24/PDF/Hakusyo_mokuji_hanrei_web.pdf〉 2013年1月22日参照.
55 中小企業庁 [2011] 58頁，〈 http://www.chusho.meti.go.jp/pamflet/hakusyo/h23/h23_1/110803Hakusyo_part2_chap1_web.pdf〉 2013年1月22日参照.
56 同上書 60頁　2013年1月22日参照.
57 中小企業庁 [2011] 61頁，〈 http://www.chusho.meti.go.jp/pamflet/hakusyo/h23/h23_1/110803Hakusyo_part2_chap1_web.pdf〉 2013年1月22日参照.
58 中小企業庁 [2011] 97頁，〈 http://www.chusho.meti.go.jp/pamflet/hakusyo/h23/h23_1/110803Hakusyo_part2_chap1_web.pdf〉 2013年1月22日参照.
59 清成忠男＝田中利見＝港徹雄 [1996] 36～37頁.
60 百瀬惠夫＝伊藤正昭 [1996] 29頁.，渡辺幸男＝小川正博＝黒瀬直宏＝向山雅夫 [2001] 69頁.
61 清成忠男＝田中利見＝港徹雄 [1996] 83頁.
62 百瀬惠夫＝伊藤正昭 [1996] 190頁.
63 Hagmann, C.= Mccahon, C.S. [1993] pp.183-192.
64 Levy, M.=Powell, P. [1998] pp.183-196.
65 百瀬惠夫＝伊藤正昭 [1996] 213頁.
66 中小企業庁 [2008] 83頁，〈 http://www.chusho.meti.go.jp/pamflet/hakusyo/h20/

注

　20TyuushohPDF20080418/130110023.pdf〉2013年1月22日参照.
67　中小企業庁［2008］102頁，〈http://www.chusho.meti.go.jp/pamflet/hakusyo/h20/
　20TyuushohPDF20080418/130110023.pdf〉2013年1月22日参照.
68　中小企業庁［2008］102頁，〈http://www.chusho.meti.go.jp/pamflet/hakusyo/h20/
　20TyuushohPDF20080418/130110023.pdf〉2013年1月22日参照.
69　大滝精一＝金井一賴＝山田英夫＝岩田智［1997］5頁.
70　石井淳蔵＝奥村昭博＝加護野忠男＝野中郁次郎［1996］7頁.
71　本橋正美［1993］86頁.
72　金澤薫［2005］315頁.
73　田村泰彦［2000］84頁.
74　McFarlan, F.W.＝ McKenny, J.L.＝ Cash, J.I.Jr［1987］訳書 42頁.
75　平本健太［2007］16頁.
76　松島桂樹［2007］90頁.
77　Brynjolfsson, E.［2004］訳書 207～272頁., 平野雅章［2007］43～69頁.
78　Wiseman, C.M.［1989］訳書 95頁., 松島桂樹［1999］97頁.
79　大串葉子＝松島桂樹［2007］97～112頁., 根来龍之＝吉川徹［2006］1～75頁.
80　大滝精一＝金井一賴＝山田英夫＝岩田智［1997］5頁.
81　石井淳蔵＝奥村昭博＝加護野忠男＝野中郁次郎［1996］7頁.
82　Wiseman, C.M.［1989］訳書 83頁.
83　平本健太［2007］6頁.
84　Brynjolfsson, E.［2004］訳書 116～117頁.
85　平野雅章［2007］25頁.
86　根来龍之＝吉川徹［2006］1～75頁.
87　大串葉子＝松島桂樹［2007］97～112頁.
88　中小企業庁［2012］凡例 10頁，〈http://www.chusho.meti.go.jp/pamflet/hakusyo/
　H24/PDF/Hakusyo_mokuji_hanrei_web.pdf〉2013年1月22日参照.
89　McFarlan, F.W.=McKenny, J.L.=Cash, J.I.Jr［1987］訳書 42頁.
90　平本健太［2007］16頁.
91　松島桂樹［2007］90頁.
92　本橋正美［1993］79～101頁.
93　石島隆［2003］1～12頁.
94　大串葉子＝松島桂樹［2007］97～112頁.
95　松島桂樹［1999］179頁.
96　石島隆［2003］1～12頁.
97　加護野忠男［1999］171頁.
98　Levy, M.＝ Powell, P.＝ Yetton, P.［2002］pp.341-354.

99　稲葉元吉＝貫隆夫＝奥林康司［2004］80頁．
100　竹井潔［2010］149頁．
101　岡田定［1999］40頁．
102　砂川徹夫［2001］2頁．
103　神戸和雄［1994］165頁．
104　Porter, M.E.［1999］訳書　145頁．
105　石井淳蔵＝奥村昭博＝加護野忠男＝野中郁次郎［1996］55頁．
106　溝口敏行＝栗山規矩＝寺崎康博［1996］19頁．
107　加護野忠男［1999］174頁．
108　國領二郎［2004］67頁．
109　本橋正美［1993］79～101頁．
110　石島隆［2003］1～12頁．
111　大串葉子＝松島桂樹［2007］97～112頁．
112　加護野忠男［1999］174頁．
113　國領二郎［2004］67頁．
114　経済産業省［2013］，＜ http://www.it-keiei.go.jp/award/index.html ＞ 2013年11月30日参照．
115　アンケート調査から得られた質的データを扱うには，数量化Ⅲ類などを使用するべきであるが，本論文では情報システムの高度活用企業について，情報システムの重視度によってグループ分けが可能ではないかと仮説構築をしたため，回答の順番を並べ替えることによって順位データとして扱うことができるものとして主成分分析を使用した．
116　内田治＝福島隆司［2011］84～85頁．
117　渋谷知美［2004］129～139頁．，砂原庸介［2005］3～14頁．，鈴木紀子［2005］77～90頁．
118　前田公彦［2005］345～366頁．

参考文献

〈日本語文献〉

㈱NTTデータ ビジネスコンサルティング＝宋修永［2006］『甦るIT投資 実力を発揮する6つのキーポイント』日経BP企画.

(社)中小企業診断協会編［2000］『中小企業の経営革新戦略 経営資源の確保・中小企業診断士の活用・関連施策』同友館.

IBMコンサルティング・グループ＝甲賀憲二＝林口英治＝外村俊之＝黒田明裕［2000］『［第2版］最適融合のITマネジメント 競争優位を実現する戦略立案ステップ』ダイヤモンド社.

アーサーアンダーセン アンド カンパニー＝藤林章友［1985］『会計システム設計の実務』中央経済社.

ハーバード・ビジネス・レビュー［2000］『ITマネジメント』ダイヤモンド社.

青木利晴［2004］『効率化から価値創造へ ITプロフェッショナルからの提言』NTT出版.

秋本敏男＝倍和博［1998］『会計情報分析の形成と展開 意思決定アプローチによる企業評価』同友館.

秋山義継［2006］『経営管理論』創成社.

浅井喜代治［1988］『現代 経営情報学概論』オーム社.

浅田考幸＝中川優［2000］『IT経営の理論と実際』東京経済情報出版.

朝野熙彦［1997］『入門 多変量解析の実際』講談社サイエンティフィク.

新家健精＝星野珖二［2000］『情報化と社会』八朔社.

安藤晴彦＝元橋一之［2002］『日本経済競争力の構想 スピード化時代に挑むモジュール化戦略』日本経済新聞社.

飯島淳一［1999］『情報システムの基礎』日科技連.

石井淳蔵＝奥村昭博＝加護野忠男＝野中郁次郎［1996］『経営戦略論［新版］』有斐閣.

石川昭＝堀内正博［1994］『グローバル企業の情報戦略 GCNの時代』有斐閣.

石川弘道［2001］『経営情報の共有と活用』中央経済社.

石島隆［2003］「ITガバナンスとIT内部統制」『研究紀要』第1巻第1号，1～12頁.

石田俊広［1996］『新版 生産情報システム』同友館.

石原和夫＝音成行勇［1989］『経営情報管理』中央経済社.

石村貞夫［2007］『SPSSによる統計処理の手順 第5版』東京図書.

石村貞夫＝加藤千恵子＝劉晨＝石村友二郎［2010］『多変量解析によるデータ

マイニング』共立出版.
伊丹敬之 [1984]『新・経営戦略の論理 見えざる資産のダイナミズム』日本経済新聞社.
伊丹敬之＝加護野忠男＝伊藤元重 [1993]『日本の企業システム 第1巻 企業とは何か』有斐閣.
伊丹敬之＝加護野忠男＝伊藤元重 [1993]『日本の企業システム 第2巻 組織と戦略』有斐閣.
伊丹敬之＝加護野忠男＝伊藤元重 [1993]『日本の企業システム 第4巻 企業と市場』有斐閣.
伊藤邦雄 [2000]『コーポレートブランド経営 個性が生み出す競争優位』日本経済新聞社.
伊藤嘉博＝清水孝＝長谷川恵一 [2001]『バランスト・スコアカード 理論と導入 事例に学ぶ実践手法』ダイヤモンド社.
稲葉元吉＝貫隆夫＝奥林康司 [2004]『情報技術革新と経営学』中央経済社.
稲村毅＝百田義治 [2005]『経営組織の論理の変革』ミネルヴァ書房.
井上正＝手塚公登 [2001]『企業組織の経営学』早稲田大学出版部.
井上達彦 [1998]『情報技術と事業システムの進化』白桃書房.
井上義祐＝小池俊隆 [2003]『経営情報処理概論〈三訂版〉』同文舘出版.
井原久光 [1997]『経営と組織 マネジメント思想の史的展開を中心として』アイ企画.
井原久光 [2000]『テキスト経営学 [増補版]』筑摩書房.
今井賢一 [1990]『情報ネットワーク社会の展開』筑摩書房.
岩井浩＝泉弘志＝良永康平 [1998]『情報化社会の統計学 [改訂版] パソコンによるアプローチ』ミネルヴァ書房.
宇佐美博＝富山茂 [1984]『システム監査の手法と実務』日刊工業新聞社.
内田治＝福島隆 [2011]『例解 多変量解析ガイド EXCEL アドインソフトを利用して』東京図書.
内田和成 [2009]『異業種競争戦略 ビジネスモデルの破壊と創造』日本経済新聞出版社.
内山悟志＝遠藤玄声 [1998]『TCO 経営革新 情報化投資の経営価値を問い直す』生産性出版.
海老澤榮一＝一瀬益夫＝堀内正博＝佐藤修＝上田泰 [1988]『例解 経営情報管理』同友館.
海老澤榮一＝一瀬益夫＝堀内正博＝佐藤修＝上田泰 [1989]『情報資源管理 統合システム構築を目指して』日刊工業新聞社.
王耀鐘 [1985]『戦略的経営計画と DSS』文眞堂.
大串葉子＝松島桂樹 [2007]「IT 投資評価とバランスト・スコアカード－その

参考文献

　　有効性と課題－」『新潟大学経済学年報』第31巻，97～112頁．
大滝精一＝金井一頼＝山田英夫＝岩田智［1997］『経営戦略 創造性と社会性の追求』有斐閣アルマ．
大谷信介＝木下栄二＝後藤範章＝小松洋＝永野武［2005］『社会調査へのアプローチ 論理と方法 第2版』ミネルヴァ書房．
大槻繁男＝佃純誠＝竹安数博［1999］『新しい経営情報システム』中央経済社．
岡田定［1999］『情報投資の経営的価値 評価による改善の促進』同文舘出版．
小笠原泰＝小野寺清人＝森彪［2003］『企業ユーザとSE必携 情報システム投資の基本がわかる本』日本能率協会マネジメントセンター．
奥野忠一＝山田文道［1978］『情報化時代の経営分析』東京大学出版会．
奥林康司［2000］『現代の企業システム 経営と労働』税務経理協会．
奥村昭博［1989］『経営戦略』日本経済新聞社．
加護野忠男［1999］『〈競争優位〉のシステム 事業戦略の静かな革命』PHP新書．
加藤あけみ［1993］『経営科学論』創成社．
金澤薫［2005］「情報システム戦略立案のための2つのアプローチの考察」『商経学叢』第52巻第2号，301～316頁．
河﨑照行［1997］『情報会計システム論』中央経済社．
神戸和雄［1994］「戦略的意思決定と情報活用」『三田商学研究』第37巻第2号，161～167頁．
菊池敏夫［1994］『現代経営学［三訂版］』税務経理協会．
岸眞理子＝相原憲一［2004］『情報技術を活かす組織能力 ITケイパビリティの事例研究』中央経済社．
岸川善光［2006］『経営戦略要論』同文舘出版．
岸川善光［2007］『経営診断要論』同文舘出版．
岸川善光［2007］『ケースブック 経営診断要論』同文舘出版．
清成忠男＝田中利見＝港徹雄［1996］『中小企業論 市場経済の活力と革新の担い手を考える』有斐閣．
久住正一郎［2002］『ITベースの事業撤退・投資マネジメント』中央経済社．
工藤市兵衛［1988］『経営情報教科書』同友館．
久保田政純［1995］『設備投資計画の立て方』日本経済新聞社．
車戸實［1986］『中小企業論』八千代出版．
黒澤一清［1995］『企業経済と情報・戦略』放送大学教育振興会．
経営情報学会 システム統合特設研究部会［2005］『成功に導く システム統合の論点 ビジネスシステムと整合した情報システムが成否の鍵を握る』日科技連．
小池澄男［2005］『新・情報社会論 改訂版 情報・コンピュータ・OA・インタ

ーネット』学文社.
河野重榮［1994］『マネジメント要論』八千代出版.
國領二郎＝NTTデータ＝NTTデータ経営研究所［2004］『ITケイパビリティ』日経BP社.
木暮仁［1997］『利用部門のための情報システム設計論』日科技連.
後藤幸男＝鳥邊晋司［2001］『経営学』税務経理協会.
小林喜一郎［1999］『経営戦略の理論と応用』白桃書房.
小松章［2006］『企業形態論 第3版』新世社.
紺野剛［2000］『現代企業の戦略・計画・予算システム』白桃書房.
酒井隆［2001］『アンケート調査の進め方』日経文庫.
坂井利之［1988］『戦略的創造のための情報科学』中公新書.
酒井麻衣子［2005］『SPSS 完全活用法 データの入力と加工（第2版）』東京図書.
坂口英弘［2006］『勝者のシステム 敗者のシステム こうすればできるIT投資の適正化』ソフトバンク クリエイティブ.
佐久間信夫＝芦澤成光［2004］『経営戦略論』創成社.
佐久間信夫＝坪井順一［2002］『現代の経営管理論』学文社.
櫻井通晴［2000］『ABCの基礎とケーススタディ ABCからバランスト・スコアカードへの展開』東洋経済新報社.
佐護譽＝渡辺峻［2004］『経営学総論』文眞堂.
佐々木宏［2001］『新版 図解経営情報システム 理論と実践』同文舘出版.
佐々木弘＝奥林康司［2003］『新訂 経営学』放送大学教育振興会.
敷田禮二［1997］『コンピュータ・システムと経営計画 大企業の強蓄積と人間疎外』大村書店.
柴田悟一＝中橋國藏編著［2003］『新版 経営管理の理論と実際』東京経済情報出版.
柴山慎一＝正岡幸伸＝森沢徹＝藤中英雄［2001］『実践 バランススコアカード ケースでわかる日本企業の戦略推進ツール』日本経済新聞社.
渋谷知美［2005］「子離れができない親とはどんな親か：「今後の生活に関するアンケート」1995年版を用いた定量分析」『東京大学大学院教育学研究科紀要』第44巻，129～139頁.
島田清一［1987］『中小企業における経営・情報システムの診断』日刊工業新聞社.
島田達巳［1991］『情報技術と経営組織』日科技連.
島田達巳［1996］『日本企業の情報システム』日科技連.
島田達巳＝海老澤栄一［1989］『戦略的情報システム 構築と展開』日科技連.
島田達巳＝立川丈夫＝野々山隆幸［2005］『経営学』創成社.

参考文献

島田達巳=遠山暁［2003］『情報技術と企業経営』学文社.
新QC七つ道具研究会編［1981］『新QC七つ道具の企業への展開』日科技連.
杉原敏夫=菅原光政=上山俊幸［1997］『経営情報システム』共立出版.
鈴木紀子［2005］「社会貢献を目的とした起業に関する研究 －社会貢献型企業経営者のプロフィール－」*SSJ Data Archive Research Paper Series* No.32, 77～90頁.
砂川徹夫［2001］「情報技術革新下の戦略的情報管理の課題と方途： 中小企業の情報化戦略を探る」『産業総合研究』第9巻, 1～17頁.
砂原庸介［2005］「中小企業経営者が持つ拡大意欲の要因分析」*SSJ Data Archive Research Paper Series No.32*, 3～14頁.
戦略情報システム研究会［1992］『ビッグ[6]の戦略情報システム構築方法論 広範な経験と事例の一般化による体系的方法論』ダイヤモンド社.
高木清=丸山祐一［1998］『経営管理の論理と歴史』中央経済社.
高崎商科大学 ネットビジネス研究所［2003］『流通情報概論』成山堂書店.
高橋輝男［1993］『システム設計思考法』白桃書房.
髙橋寛=眞殿宏=吉田英一［1991］『SIS診断 競争優位への道しるべ』日本能率協会マネジメントセンター.
高橋三雄［1996］『情報基礎管理学 オフィスにおける情報技術の活用』放送大学教育振興会.
高柳曉=飯野春樹［1991］『新版 経営学（2） 管理論』有斐閣双書.
竹井潔［2010］「経営と情報－経営における情報化の進展と課題－」『聖学院大学論叢』第23巻第1号, 137～153頁.
竹内毅［1995］『中小企業の経営 その特質と診断視点』同友館.
田坂広志［1999］『なぜ日本企業では情報共有が進まないのか ナレッジマネージャー7つの心得』東洋経済新報社.
立川丈夫［1996］『経営情報システム論 その環境と概念の歴史的考察』創成社.
立川丈夫［2003］『現代経営情報システム開発論』創成社.
巽信晴=佐藤芳雄［1996］『新版 新中小企業論を学ぶ』有斐閣選書.
田中恒夫［2006］『第4版 企業評価論－財務分析と企業評価－』創成社.
田村泰彦［2000］「企業組織における IT(情報技術)の機能変化」『群馬大学情報学部研究論集』第7巻, 67～86頁.
丹後俊郎=山岡和枝=高木晴良［1996］『ロジスティック回帰分析 SASを利用した統計解析の実際』朝倉書店.
近勝彦［2004］『IT資本論 なぜ、IT投資の効果はみえないのか？』毎日コミュニケーションズ.
中央青山監査法人［2003］『ITリスクと会計情報 ビジネス インパクト アナリシス』税務経理協会.

中小企業庁［1985］『中小企業の情報化ビジョン 中小企業近代化審議会指導部会 中小企業情報化対策分科会〈中間報告〉より』同友館．
中小企業庁［2005］『中小企業白書（2005年版）：日本社会の構造変化と中小企業者の活力』ぎょうせい．
中小企業庁［2006］『中小企業白書（2006年版）：「時代の節目」に立つ中小企業 海外経済との関係深化・国内における人口減少』ぎょうせい．
中小企業庁［2007］『中小企業白書（2007年版）：地域の強みを活かし変化に挑戦する中小企業』ぎょうせい．
中小企業庁［2008］『中小企業白書（2008年版）：生産性と地域活性化への挑戦』ぎょうせい．
中小企業庁［2009］『中小企業白書（2009年版）：イノベーションと人材で活路を開く』経済産業調査会．
中小企業庁［2010］『中小企業白書（2010年版）：ピンチを乗り越えて』日経印刷．
中小企業庁［2011］『中小企業白書（2011年版）：震災からの復興と成長制約の克服』同友館．
中小企業庁［2012］『中小企業白書（2012年版）：試練を乗り越えて前進する中小企業』日経印刷．
中小企業庁指導部指導課＝全国中小企業情報化推進センター［1992］『中小企業の情報活用戦略』 同友館．
辻新六＝有馬昌宏［1987］『アンケート調査の方法 実践ノウハウとパソコン支援』朝倉書店．
津田眞澂［1990］『日本的情報化経営 二十一世紀型企業への新戦略』プレジデント社．
寺島和夫＝野間圭介＝日野和則＝文能照之［1999］『Excelによる経営データの分析と活用』同文館．
寺本義也［2003］『企業と情報化』八千代出版．
東北大学経営学グループ［1998］『ケースに学ぶ経営学』有斐閣ブックス．
遠山暁［1998］『現代経営情報システムの研究』日科技連．
遠山暁＝松嶋登［2010］「IT経営力概念の理論基盤：特集号に向けて」『日本情報経営学会誌』第31巻第1号，44〜55頁．
遠山暁＝村田潔＝岸眞理子［2008］『経営情報論［新版］』有斐閣アルマ．
東洋大学経営力創成研究センター［2007］『企業競争力の研究』中央経済社．
徳重宏一郎［1994］『経営管理要論 改訂版』同友館．
特定非営利活動法人 IT コーディネータ協会［2007］『成功したい社長が読むIT経営のススメ』iTEC．
都倉信樹［1995］『三訂版 情報工学』日本放送出版協会．

参考文献

富山茂＝奈良尚郎＝島田裕次［1991］『システム監査実施の手引』日刊工業新聞社．

豊田利久［1991］『基本統計学』東洋経済新報社．

中沢孝夫［1998］『中小企業新時代』岩波新書．

中谷巌＝竹中平蔵［2000］『IT パワー 日本経済・主役の交代』PHP 研究所．

仲野友樹［2013］「中小企業における情報システムの戦略的活用とその活用意識－全国778社を対象としたアンケート調査に基づく分析－」『戦略研究』13, 119～150頁．

納谷嘉信［1982］『TQC 推進のための方針管理 新 QC 七つ道具を活用して』日科技連．

西垣通［1992］『組織とグループウェア ポスト・リストラクチャリングの知識創』NTT 出版．

日本アイ・ビー・エム株式会社 甲賀憲二＝林口英治＝外村俊之［2002］『IT ガバナンス』NTT 出版．

日本経営学会［1987］『情報化の進展と企業経営』千倉書房．

日本経営システム学会［2011］『経営システム学への招待』日本評論社．

根来龍之＝吉川徹［2006］「模倣困難なＩＴ活用は存在するか？―ウォルマートの事例分析を通じた検討―」早稲田大学 IT 戦略研究所ワーキングペーパー 第21巻，1～75頁．

根本忠明［1990］『戦略的情報システム 加速度の時代における顧客創造のツール』東洋経済新報社．

野中郁次郎［1997］『俊敏な知識創造経営 東芝 ナレッジマネジメントの研究』ダイヤモンド社．

野々山隆幸＝水尾順一＝佐藤修［2001］『IT フロンティアの企業変革と産業マップ』同友館．

野村総合研究所 システムコンサルティング事業本部［2005］『最新 図解 CIO ハンドブック』野村総合研究所．

花岡菖［1998］『情報化戦略 IS 資源の戦略的配分の枠組み』日科技連．

花岡菖［2002］『BtoB 企業間情報システムの現状と動向』白桃書房．

花岡菖＝島田達巳＝財部忠夫＝吉田瑞穂［1995］『経営革新と情報技術』日科技連．

馬場浩也［2002］『SPSS で学ぶ統計分析入門』東洋経済新報社．

早坂清志［2005］『Excel の極意 データの集計と分析』毎日コミュニケーションズ．

林紘一郎［1989］『ネットワーキングの経済学』NTT 出版．

林正樹＝井上照幸＝小阪隆秀［2001］『情報ネットワーク経営』ミネルヴァ書房．

原田保=松岡輝美［1999］『21世紀の経営戦略 未来企業のビジネスモデル』新評論.
半澤孝雄［1992］『実践 システム設計の基礎知識』オーム社.
平野雅章［2007］『IT投資で伸びる会社、沈む会社』日本経済新聞出版社.
平本健太［2007］『情報システムと競争優位』白桃書房.
廣井脩=船津衛［2000］『情報通信と社会心理』北樹出版.
深澤郁嘉=丸山啓輔=斎藤碩［1992］『現代経営管理論』同友館.
福井隆文＝IBM ビジネスコンサルティング サービス［2007］『SOA 改革を加速させる経営基盤の作り方』日経BP社.
福田豊=須藤修=早見均［1997］『情報経済論』有斐閣アルマ.
藤井義弘編［1999］『日本企業の情報化戦略 ITで実現する経営革新』東洋経済新報社.
藤田忠=熊田聖［1996］『意思決定科学』泉文堂.
藤林章友［1985］『会計システム設計の実務』中央経済社.
古川俊一＝NTT データ システム科学研究所編［2002］『公共経営と情報通信技術 「評価」をいかにシステム化するか』NTT出版.
本田勝［1993］『基本統計学』産業図書.
前川良博=江村潤郎=島田達巳=竹越誠喜=武田和久=竹村憲郎=早川一雄=吉川武男［1986］『経営情報管理［改訂版］』日本規格協会.
前田公彦［2005］「企業におけるITの価値創造に関する一考察 価値創造メカニズムの視点を中心として」『横浜国際社会科学研究』第10巻第3/4号，345〜366頁.
松井敏邇［2004］『中小企業論』晃洋書房.
松石勝彦［1998］『情報ネットワーク経済論』青木書店.
松島桂樹［1999］『戦略的IT投資マネジメント 情報システム投資の経済性評価』白桃書房.
松島桂樹［2007］『IT投資マネジメントの発展－ IT投資効果の最大化を目指して－』白桃書房.
松野弘=小阪隆秀［1999］『現代企業の構図と戦略 転換期の産業社会と企業活動の革新』中央経済社.
松行康夫［2000］『経営情報論 経営管理と情報技術［増補版］』創成社.
味方守信［1997］『「日本経営品質賞」評価基準 国際大競争に勝ち抜くための自己診断システム』日刊工業新聞社.
溝口敏行=栗山規矩=寺崎康博［1996］『経済統計にみる企業情報化の構図』富士通ブックス.
三戸浩=池内秀己=勝部伸夫［2006］『企業論 新版補訂版』有斐閣アルマ.
宮川公男［2004］『経営情報システム［第3版］』中央経済社.

参考文献

宮川公男＝野々山隆幸＝佐藤修［1987］『経営科学と情報処理』実教出版.
宮下幸一［1993］『情報管理の基礎（改訂版）』同文舘出版.
村田潔＝経営情報学会情報論理研究部会［2004］『情報倫理 インターネット時代の人と組織』有斐閣選書.
明治大学経営学研究会［2006］『経営学への扉－フレッシュマンのためのガイドブック－第3版』白桃書房.
茂木一之＝岩本誠二［1990］『経営と管理 情報技術者のための経営学』渓林出版社.
本橋正美［1993］「情報システム投資の費用効果分析」『明治大学経営論集』第40巻第3/4号，79～101頁.
百瀬恵夫［2000］『中小企業論新講』白桃書房.
百瀬恵夫＝伊藤正昭［1996］『新中小企業論』白桃書房.
森昭彦［2006］『SEのためのIT投資効果の測り方』日経BP社.
森和昭［2009］『日本のITコストはなぜ高いのか？』日経BP.
森川信男［2005］『オフィスとテレワーク 情報ネットワーク化時代のワークプレイス』学文社.
森川信男［2006］『経営システムと経営情報 情報ネットワーク化時代の基本組織』学文社.
森沢徹＝宮田久也＝黒崎浩［2005］『バランス・スコアカードの経営 戦略志向の組織づくり』日本経済新聞社.
森本隆男［1994］『中小企業論』八千代出版.
安田武彦＝東洋大学経済学部・白書研究会［2008］『中小企業白書を読む』同友館.
柳井久江［1998］『4Stepsエクセル統計』OMS.
山内昭＝松岡俊三＝宮澤信一郎［1998］『要説 経営情報管理』白桃書房.
山下達哉＝寺本義也＝山口哲朗［1994］『現代 情報管理要論』同友館.
山下洋史＝金子勝一［2001］『情報化時代の経営システム 経営工学・経営管理の新展開』東京経済情報出版.
山下洋史＝金子勝一［2004］『情報化時代の経営システム 新版 経営工学・経営管理の新展開』東京経済情報出版.
山田啓一＝原田要之助＝抜山勇［1997］『経営革新と情報セキュリティ』日科技連.
横浜商科大学公開講座委員会［2002］『IT革命と新世紀の社会』南窓社.
吉田敬一［1996］『転機に立つ中小企業 生産分業構造転換の構図と展望』新評論.
吉川武男＝東海幹夫＝木島淑考［1993］『企業経営とコスト 戦略的原価管理システムの構築をめざして』生産性出版.

米川清 [1994] 『商社会計情報論』税務経理協会.
渡辺幸男=小川正博=黒瀬直宏=向山雅夫 [2001] 『21世紀中小企業論 多様性と可能性を探る』有斐閣アルマ.

〈英語文献〉

Altier, W.J. [1999], *The Thinking Manager's Toolbox: Effective Processes for Problem Solving and Decision Making*, Oxford University Press. (木村充訳 [2000] 『問題解決と意思決定のツールボックス』東洋経済新報社)

Andersen, T.J. [2001], "Information technology, strategic decision making approaches and organizational performance in different industrial settings," *Journal of Strategic Information Systems 10*, pp.101-119.

Azadeh, A.=Keramati, A.=Songhori, M.J. [2009], "An integrated Delphi/VAHP/DEA framework for evaluation of information technology/information system (IT/IS) investments," *Int J Adv Manuf Technol*, pp.1233-1251.

Bakos, J.Y.=Treacy, M.T. [1986], "Information Technology and Corporate Strategy: A Research Perspective," *MIS Quarterly*, Vol.10, No.2, pp.107-119.

Baum, B.=Burack, E. [1969], "Information Technology, Manpower Development and Organizational Performance," *The Academy of Management Journal*, Vol.12, No.3, pp.279-291.

Bench, N.=Ginsburg, S.G.=Stern, H. [1967], "Information Systems in Management Science," *Management Science*, Vol.13, No.10, Series B, Managerial, pp.B693-B702.

Benjamin, R.I.=ScottMorton, M.S. [1988], "Information Technology, Integration, and Organizational Change," *Interfaces*, Vol.18, No.3, pp.86-98.

Bergeron, F.=Buteau, C.=Raymond, L. [1991], "Identification of Strategic Information Systems Opportunities: Applying and Comparing Two Methodologies," *MIS Quarterly*, Vol.15, No.1, pp.89-103.

Bharadwaj, A.=Keil, M.=Mahring, M. [2009], "Effects of information technology failures on the market value of firms," *Journal of Strategic Information Systems 18*, pp.66-79.

Brown, C.V.=Magill, S.L. [1994], "Alignment of the IS Functions with the Enterprise: Toward a Model of Antecedents," *MIS Quarterly*, Vol.18, No.4, pp.371-403.

Brynjolfsson, E. [1994], "Information Assets, Technology, and

参考文献

Organization," *Management Science*, Vol.40, No.12, pp.1645-1662.

Brynjolfsson, E.=Hitt, L.M. [2000], "Beyond Computation: Information Technology, Organizational Transformation and Business Performance," *Journal of Economic Perspectives*, Vol.14, No.4, pp.23-48., Brynjolfsson, E. [2003], "The IT Productivity Gap," *Optimize magazine*, July 2003, Isssue21., Brynjolfsson, E.=Hitt, L.M.=Yang, S. [2002], "Intangible Assets: Computers and Organizational Capital," *Brookings Papers on Economic Activity: Macroeconomics (1)*, pp.137-199., Brynjolfsson, E.=Hitt, L.M. [2003], "Computing Productivity: Firm-Level Evidence," *The Review of Economics and Statistics*, 85:4 (November, 2003), pp.793-908. (CSK 訳編 [2004]『インタンジブル・アセット』ダイヤモンド社)

Brynjolfsson, E.=Hitt, L.M. [1996], "Paradox Lost? Firm-Level Evidence on the Returns to Information Systems Spending," *Management Science*, Vol.42, No.4, pp.541-558.

Brynjolfsson, E.=Malone, T.W.=Gurbaxani, V.=Kambil, A. [1994], "Does Information Technology Lead to Smaller Firms?," *Management Science*, Vol.40, No. 12, pp.1628-1644.

Caldelli, A.=Parmigiani, M.L. [2004], "Management Information System: A Tool for Corporate Sustainability," *Journal of Business Ethics,* Vol.55, No.2, Social Dimensions of Organizational, pp.159-171.

Chakraborty, A.=Kazarosian, M. [2001], "Marketing Strategy and The Use of Information Technology: New Evidence from The Trucking Industry," *Transportation After Deregulation*, Volume 6, pp.71-96.

Chen, Y.=Lin, W.T. [2009], "Analyzing the relationships between information technology, inputs substitution and national characteristics based on CES stochastic frontier production models," *Int. J. Production Economics 120*, pp.552-569.

Chowdary, T.H. [2002], "Information Technology for Development: Necessary Conditions" *Economic and Political Weekly*, Vol.37, No.38, pp.3886-3889.

Clemons, E.K.=Row, M.C. [1991], "IT Advantage: The Role of Structural Differences," *MIS Quarterly*, Vol.15, No.3, Special Issue: [Strategic Use of Information Systems], pp.275-292.

Davern, M.J.=Wilkin, C.L. [2010], "Towards an integrated view of IT value measurement," *International Journal of Accounting Information Systems 11*, pp.42-60.

Dearlove, D. [1997], *Key Management Decisions: Management Masterclass: Tools and Techniques of the Executive Decision-Maker*, Financial Times Prentice Hall.（宮川公男監訳 上田泰訳［2000］『エグゼクティブのための意思決定入門 論理・直観・経験をビジネスに活かせ』東洋経済新報社）

Dehning, B.=Dow, K.E.=Stratopoulos, T. [2004], "Information technology and organizational slack," *International Journal of Accounting Information Systems 5*, pp.51-63.

Dehning, B.=Pfeiffer, G.M.=Richardson, V.J. [2006], "Analysts' forecasts and investments in information technology," *International Journal of Accounting Information Systems 7*, pp.238-250.

DeLone, W.H. [1981], "Firm Size and the Characteristics of Computer Use," *MIS Quarterly*, Vol.5, No.4, pp.65-77.

Dickson, G.W.=DeSanctis, G. [2000], *Information Technology and the Future Enterprise : New Models for Managers*, Prentice Hall.（橋立克郎=小畑喜一=池田利明=小岩由美子=山本英一郎訳［2002］『新リレーションとモデルのための IT 企業戦略とデジタル社会』ピアソン・エデュケーション）

Dickson, G.W.=Senn, J.A.=Chervany, N.L. [1977], "Research in Management Information Systems: The Minnesota Experiments" *Management Science*, Vol.23, No. 9, pp.913-923.

Dixit, A.=Braunsberger, K.=Zinkhan, G.M.=Pan, Y. [2005], "Information technology enhanced pricing strategies: managerial and public policy implications," *Journal of Business Research 58*, pp.1169-1177.

Dugan, R.E. [2002], "Information Technology Budgets and Costs: Do You Know What Your Information Technology Costs Each Year?," *The Journal of Academic Librarianship, Volume 28*, Number 4, pp.238-243.

Emery, J.C. [1987], *Management Information Systems: The Critical Strategic Resource*, Oxford University.（宮川公男監訳［1989］『エグゼクティブのための経営情報システム』TBSブリタニカ）

Feeny, D.F.=Edwards, B.R.=Simpson, K.M. [1992], "Understanding the CEO/CIO Relationship," *MIS Quarterly*, Vol.16, No.4, pp.435-448.

Fredrickson, J.W. [1986], "The Strategic Decision Process and Organizational Structure," *The Academy of Management Review*, Vol.11, No.2, pp.280-297.

Gibson, C.F.=Nolan, R.L. [1974], "Managing the Four Stages of EDP Growth," *Harvard Business Review*, January 1974, pp.76-88.

参考文献

Gregor, S.=Martin, M.=Fernandez, W.=Stern, S.=Vitale, M. [2006], "The transformational dimension in the realization of business value from information technology," *Journal of Strategic Information Systems 15*, pp.249-270.

Hagmann, C.=Mccahon, C.S. [1993], "Strategic information systems and competitiveness. Are firms ready for an IST-driven competitive challenge?," *Information and Management 25(4)*, pp.183-192.

Harris, S.E.=Katz, J.L. [1991], "Organizational Performance and Information Technology Investment Intensity in the Insurance Industry," *Organization Science*, Vol.2, No.3, pp.263-295

Hitt, L.M.=Brynjolfsson, E. [1996], "Productivity, Business Profitability, and Consumer Surplus: Three Different Measures of Information Technology Value," *MIS Quarterly*, Vol.20, No.2, pp.121-142.

Ho, J.L.Y.=Wu, A.=Xu, S.X. [2011], "Corporate Governance and Returns on Information Technology Investment:Evidence from an Emerging Market," *Strategic Management Journal Stra,32*, pp.595-623.

Hobijn, B.=Jovanovic, B. [2001], "The Information-Technology Revolution and the Stock Market: Evidence," *The American Economic Review*, Vol.91, No.5, pp.1203-1220.

Ives, B.=Olson, M.H. [1984], "User Involvement and MIS Success: A Review of Research," *Management Science*, Vol.30, No.5, pp.586-603.

Keen, P.G.W [1987], *Competing in Time: Using Telecommunications for Competitive Advantage*, HarperBusiness.（大倉明治＝小沢行正＝水田幸夫訳［1989］『情報通信時代の競争戦略』プレジデント社）

Kettinger, W.J.=Grover, V.=Guha, S.=Segars, A.H. [1994], "Strategic Information Systems Revisited: A Study in Sustainability and Performance," *MIS Quarterly*, Vol.18, No.1, pp.31-58.

Kettinger, W.J.=Grover, V.=Guha, S.=Segars, A.H. [1994], "Strategic Information Systems Revisited:A Study in Sustainability and Performance," *MIS Quarterly*, Vol.18, No.1, pp.31-58.

Kim, J.K.=Xiang, J.Y.=Lee, S. [2009], "The impact of IT investment on firm performance in China: An empirical investigation of the Chinese electronics industry," *Technological Forecasting & Social Change 76*, pp.678-687.

King, W.R.=Cleland, D.I. [1974], "Environmental Information Systems for Strategic Marketing Planning," *The Journal of Marketing*, Vol.38, No.4, pp.35-40.

Kobelsky, K.=Hunter, S.=Richardson, V.J. [2008], "Information technology, contextual factors and the volatility of firm performance," *International Journal of Accounting Information Systems 9*, pp.154-174.

Kostetsky, O. [1966], "Decision Making, Information Systems, and the Role of the Systems Analyst," *Management Science*, Vol.13, No.2, Series C, Bulletin, pp.C17-C20.

Lederer, A.L.=Sethi, V. [1988], "The Implementation of Strategic Information Systems Planning Methodologies," *MIS Quarterly*, Vol.12, No.3, pp.445-461.

Lefebvre, L.A.=Mason, R.=Lefebvre, E. [1997], "The Influence Prism in SMEs: The Power of CEOs' Perceptions on Technology Policy and Its Organizational Impacts," *Management Science*, Vol.43, No.6, pp.856-878.

Levy, M.=Powell, P. [1998], "SME Flexibility and the Role of Information Systems," *Small Business Economics*, Vol.11, No.2, pp.183-196.

Levy, M.=Powell, P.=Yetton, P. [2002], "The Dynamics of Information Systems," *Small Business Economics*, Vol.19, pp.341-354.

Liesch, P.W.=Knight, G.A. [1999], "Information Internalization and Hurdle Rates in Small and Medium Enterprise Internationalization," *Journal of International Business Studies*, Vol.30, No.2, pp.383-394.

Lin, W.T.=Chiang, C.Y. [2011], "The impacts of country characteristics upon the value of information technology as measured by productive efficiency," *Int. J.ProductionEconomics132*, pp.13-33.

Lin, W.T.=Shao, B.B.M. [2006], "The business value of information technology and inputs substitution: The productivity paradox revisited," *Decision Support Systems 42*, pp.493-507.

Lindsey, D.=Cheney, P.H.=Kasper, G.M.=Ives, B. [1990], "TELCOT: An Application of Information Technology for Competitive Advantage in the Cotton Industry," *MIS Quarterly*, Vol.14, No.4, pp.347-357.

Loukis, E.N.=Sapounas, I.A.=Milionis, A.E. [2009], "The effect of hard and soft information and communication technologies investment on manufacturing business performance in Greece ? A preliminary econometric study," *Telematics and Informatics 26*, pp.193-210.

Martin, J.A.=Overman, E.S. [1988], "Management and Cognitive Hierarchies: What Is the Role of Management Information Systems?," *Public Productivity Review*, Vol. 11, No.4, pp.69-84.

Mason, R.O.=Hofflander, E.H. [1972], "Management Information Systems in Insurance," *The Journal of Risk and Insurance*, Vol.39, No.1, pp.65-77.

参考文献

Mata, F.J.=Fuerst, W.L.［1997］, "Information systems management issues in Central America: a multinational and comparative study," *Journal of Strategic Information Systems 6*, pp.173-202.

Mata, F.J.=Fuerst, W.L.=Barney, J.B.［1995］, " Information Technology and Sustained Competitive Advantage: A Resource-Based Analysis," *MIS Quarterly*, Vol. 19, No.4, pp.487-505.

McFarlan, F.W.=McKenney, J.L.=Cash, J.I.［1988］, *Corporate Information Systems Management 2nd Ed*, R.D. Irwin.（小澤行正＝南隆夫訳［1987］『情報システム企業戦略論』日経 BP 社）

Melville, N.=Kraemer, K.=Gurbaxani, V.［2004］, "Information Technology and Organizational Performance: An Integrative Model of IT Business Value," *MIS Quarterly*, Vol.28, No.2, pp.283-322.

Middleton, R.=Wardley, P.［1990］, "Information Technology in Economic and Social History: The Computer as Philosopher's Stone or Pandora's Box?," *The Economic History Review, New Series*, Vol.43, No.4, pp.667-696.

Morris, S.［2003］, " Competition, Regulation and Strategy: The Information Technology Industry," *Economic and Political Weekly*, Vol.38, No.33, pp. 3494-3499

Motohashi, K.［2007］, "Firm-level analysis of information network use and productivity in Japan," *J. Japanese Int. Economies 21*, pp.121-137.

Nokes, S.［2000］, *Taking Control of IT Costs: A Business Managers Guide*, Addison Wesley.（櫻井通晴監訳［2001］『IT コストの管理』東洋経済新報社）

Nolan, R.L.［1979］, "Managing the Crises in Data Processing," *Harvard Business Review*, March 1979, pp.115-126.

Nolan, R.L.=McFarlan, F.W.［2005］, "Information Technology and the Board of Directors," *Harvard Business Review*, October 2005, pp.96-106.

Ozernoy, V.M.=Smith, D.R.=Sicherman, A.［1981］, "Evaluating Computerized Geographic Information Systems Using Decision Analysis," *Interfaces*, Vol.11, No. 5, pp.92-100.

Piccoli, G.=Ives, B.［2005］, "IT-Dependent Strategic Initiatives and Sustained Competitive Advantage: A Review and Synthesis of the Literature," *MIS Quarterly*, Vol.29, No.4, pp.747-776.

Pinsonneault, A.=Kraemer, K.L.［1993］, "The Impact of Information Technology on Middle Managers," *MIS Quarterly*, Vol.17, No.3, pp.271-292.

183

Porter, M.E. [1998], *On Competition*, Harvard Business School Press. （竹内弘高訳 [1999]『競争戦略論 I』ダイヤモンド社）

Powell, P. [1992], "Information Technology Evaluation: Is It Different?," *The Journal of the Operational Research Society*, Vol.43, No.1, pp.29-42.

Powell, T.C.=Dent-Micallef, A. [1997], "Information Technology as Competitive Advantage: The Role of Human, Business, and Technology Resources," *Strategic Management Journal*, Vol.18:5, pp.375-405.

Quinn, J.B.=Baily, M.N. [1994], "Information Technology: The Key to Service Performance," *The Brookings Review*, Vol. 12, No. 3, pp.36-41.

Rabinovich, E.=Sinha, R.=Laseter, T. [2011], "Unlimited shelf space in Internet supply chains: Treasure trove or wasteland?," *Journal of Operations Management 29*, pp.305-317.

Rackoff, N.=Wiseman, C.M.=Ullrich, W.A. [1985], "Information Systems for Competitive Advantage: Implementation of a Planning Process," *MIS Quarterly*, Vol.9, No.4, pp.285-294.

Rapp, W.V. [2002], *Information Technology Strategies: How Leading Firms Use IT to Gain an Advantage*, Oxford University Press. （柳沢亨＝長島敏雄＝中川十郎訳 [2003]『成功企業の IT 戦略 強い会社はカスタマイゼーションで累積的に進化する』日経 BP 社）

Ripin, K.M.=Sayles, L.R. [1999], *Insider Strategies for Outsourcing Information Systems: Building Productive Partnerships, Avoiding Seductive Traps*, Oxford University Press. （NTT データ経営研究所訳 [2000]『IT アウトソーシング戦略』NTT 出版）

Rockart, J.F.=De Long, D.W. [1988], *Executive Support Systems: The Emergence of Top Management Computer Use*, Business One Irwin. （吉川武男訳 [1989]『経営戦略支援システム』日経 BP 社）

Rockart, J.F.=ScottMorton, M.S. [1984], "Implications of Changes in Information Technology for Corporate Strategy," *Interfaces*, Vol.14, No.1, pp.84-95.

San-Jose, L.=Iturralde, T.=Maseda, A. [2009], "The Influence of Information Communications Technology (ICT) on Cash Management and Financial Department Performance: An Explanatory Model," *Canadian Journal of Administrative Sciences 26(2)*, pp.150-169.

Schneyman, H. [1976], "Management Information Systems for Management Sciences," *Interfaces*, Vol.6, No.3, pp.52-59.

Schubert, K.D. [2004], *CIO Survival Guide: The Roles and Responsibilities of the Chief Information Officer*, Wiley. （渡部洋子監訳

参考文献

[2006]『次世代 CIO 最高情報責任者の成功戦略』日経 BP ソフトプレス)
Segars, A.H.=Grover, V. [1998], "Strategic Information Systems Planning Success: An Investigation of the Construct and Its Measurement," *MIS Quarterly*, Vol.22, No.2, pp.139-163.
Sethi, V.=King, W.R. [1994], "Development of Measures to Assess the Extent to Which an Information Technology Application Provides Competitive Advantage," *Management Science*, Vol.40, No.12, pp.1601-1627.
Sethi, V.=King, W.R. [2000], "Does successful investment in information technology solve the productivity paradox?," *Information & Management* 38, pp.103-117.
Sharma, R.=Yetton, P. [2003], "The Contingent Effects of Management Support and Task Interdependence on Successful Information Systems Implementation," *MIS Quarterly*, Vol.27, No.4, pp.533-556.
Simon, H.A. [1973], "Applying Information Technology to Organization Design," *Public Administration Review*, Vol.33, No.3, pp.268-278.
Simon, H.A. [1982], *The Sciences of the Artificial Second Edition*, The MIT Press.(稲葉元吉=吉原英樹訳 [1987]『新版 システムの科学』パーソナルメディア)
Spence, L,J.=Rutherfoord, R. [2003], "Small Business and Empirical Perspectives in Business Ethics: Editorial," *Journal of Business Ethics*, Vol.47, No.1, pp.1-5.
Strassmann, P.A. [1990], *The Business Value of Computers: An Executive's Guide*, Information EconomicsPress.(末松千尋訳 [1994]『コンピュータの経営価値:情報化投資はなぜ企業の収益向上につながらないのか』日経 BP 出版センター)
Street, C.T.=Meister, B.M. [2004], "Small Business Growth and Internal Transparency: The Role of Information Systems," *MIS Quarterly*, Vol.28, No.3, pp.473-506.
Subrahmanya, M.H.B. [2003], "Technological Innovations in Small Enterprises: Comparative Study of Bangalore and North-East EnglandAuthor," *Economic and Political Weekly*, Vol.38, No.21, pp.2067-2074.
Swanson, E.B.=Ramiller, N.C. [2004], "Innovating Mindfully with Information Technology," *MIS Quarterly*, Vol.28, No.4, pp.553-583.
Synott, W.R. [1987], *The Information Weapon: Winning Customers and Markets With Technology*, Wiley.(成田光彰訳 [1988]『戦略情報システム

: CIO の任務と実務』日刊工業新聞社)
Szajna, B.=Scamell, R.W. [1993], "The Effects of Information System User Expectations on Their Performance and Perceptions," *MIS Quarterly*, Vol.17, No. 4, pp.493-516.
Tapscott, D.=Caston, A. [1993], *Paradigm Shift: The New Promise of Information Technology*, McGraw-Hill School Education Group. (野村総合研究所訳 [1994]『情報技術革命とリエンジニアリング』野村総合研究所)
Te'eni, D. [2001], "A Cognitive-Affective Model of Organizational Communication for Designing IT," *MIS Quarterly*, Vol.25, No.2, pp.251-312.
Thorp, J. [1999], *Information Paradox*, McGraw-Hill Education. (平春雄監訳 佐藤秀之ほか訳 [1999]『利益を生む情報化投資戦略 情報化の罠にはまらないための6つの条件』富士通ブックス)
Tyre, M.J.=Hauptman, O. [1992], "Effectiveness of Organizational Responses to Technological Change in the Production Process," *Organization Science*, Vol.3, No.3, pp.301-320.
Udas, K.=Fuerst, W.L.=Paradice, D.B. [1996], "An Investigation of Ethical Perceptions of Public Sector MIS Professionals," *Journal of Business Ethics*, Vol. 15, No.7, pp.721-734.
Vincent, D.R. [1990], *The Information Based Corporation, Stakeholder Economics and the Technology Investment*, Dow Jones Irwin. (真鍋龍太郎訳 [1993]『インフォーメーション・ベースト・コーポレーション 情報を基盤とした会社』ダイヤモンド社)
Walton, R.E.=Harvard Business School Press [1989], *Up and Running: Integrating Information Technology and the Organization*, Harvard Business School Press. (髙木晴夫訳 [1993]『システム構築と組織整合 [事例研究] SIS が創る参画のマネジメント』ダイヤモンド社)
Watson, R.T. [1990], "Influences on the IS Manager's Perceptions of Key Issues: Information Scanning and the Relationship with the CEO," *MIS Quarterly*, Vol.14, No.2, pp.217-231.
Weill, P.=Broadbent, M. [1998], *Leveraging the New Infrastructure: How Market Leaders Capitalize on Information Technology*, Harvard Business School Press. (マイクロソフト株式会社コンサルティング本部監訳,福嶋俊造訳 [2003]『IT ポートフォリオ戦略論:最適な IT 投資がビジネス価値を高める』ダイヤモンド社)
Weill, P.=Olson, M.H. [1989], "Managing Investment in Information

参考文献

Technology: Mini Case Examples and Implications," *MIS Quarterly*, Vol.13, No.1, pp.3-17.

Wells, J.D.=Fuerst, W.L.=Choobineh, J. [1999], "Managing information technology (IT) for one-to-one customer interaction," *Information & Management 35*, pp.53-62.

Wigand, R.=Picot, A.=Reichwald, R. [1997], *Information, Organization and Management: Expanding Markets and Corporate Boundaries*, Wiley.（宮城徹訳 [2000]『情報時代の企業管理の教科書 組織の経済理論の応用』税務経理協会）

Wiseman, C.M. [1988], *Strategic Information Systems*, Richard D Irwin.（土屋守章＝辻新六訳 [1989]『戦略的情報システム 競争戦略の武器としての情報技術』ダイヤモンド社）

Yao, L.J.=Liu, C.=Chan, S.H. [2010], "The influence of firm specific context on realizing information technology business value in manufacturing industry," *International Journal of Accounting Information Systems 11*, pp.353-362.

アンケート調査票

◎「中小企業における情報活用力とIT化」に関するアンケート調査票

◎情報システムの活用・評価、そしてECに関するアンケート調査票

「中小企業における情報活用力とIT化」に関するアンケート調査票

1．貴社の経営における情報活用について伺います。

問1-1．貴社では，経営上どのような目的で，現在の情報システム※（8頁表1参照）を導入しましたか。最も当てはまるもの**1つ**に〇をお付けください。

1．意思決定・経営判断の支援ツールとして	2．新商品の開発・新事業の展開
3．業務の合理化・標準化・スピード化	4．業務に係るコストや製品価格の低減
5．顧客の管理，分析	6．販売チャネルの拡大
7．取引先とのコミュニケーションの円滑化	8．金融機関・取引先からの要請
9．社員の意識の向上・情報共有	10．その他（　　　　　　　　　）

問1-2．貴社のIT化と情報活用状況について，**以下の適用分野毎**に当てはまるもの**1つ**に〇をお付けください。

	適用分野	IT化しており，情報活用が，		3．IT化していない，または対象外
		1．できている	2．できていない	
業務系	① 資材・部品の調達	1	2	3
	② 在庫管理・物流	1	2	3
	③ 生産管理（進捗管理）	1	2	3
	④ 品質管理	1	2	3
	⑤ 販売管理	1	2	3
	⑥ 顧客管理，サポート	1	2	3
管理系	⑦ 経営戦略決定（企画立案）	1	2	3
	⑧ 管理会計	1	2	3
	⑨ 人的資源管理	1	2	3
	⑩ 財務管理	1	2	3
	⑪ 社内情報共有	1	2	3
	⑫ 知的財産管理（特許等）	1	2	3
	⑬ その他（　　　　　）	1	2	3

問1-3．**問1-2で，いずれかに「2」を選択した方**に伺います。その理由は，どこにあると思われますか。当てはまるもの**全て**に〇をお付けください。

1．そもそも情報システムの機能が自社の業務に合っていない
2．情報システムの使い勝手が悪く扱いにくい
3．収集したデータを集計・分析できる人材がいない
4．社員の活用意識が低いため，情報システムを使いこなせていない
5．情報システムを活用するための内部体制（役割分担等）が整っていない
6．情報システムの運用に手一杯で活用する時間がない
7．その他（　　　　　　　　　　　　　　　　　　　　　　　　　　　）

アンケート調査票

問1-4. 貴社では、例えば販売情報や顧客情報等のような、情報システムから得られたデータや分析結果を用いて、社内や顧客との打合せや会議を行っていますか。当てはまるもの**1つ**に○をお付けください。

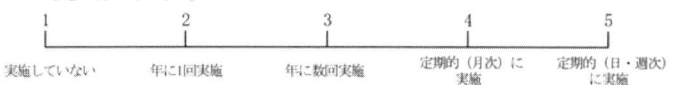

```
   1            2            3            4              5
実施していない  年に1回実施  年に数回実施  定期的(月次)に  定期的(日・週次)
                                          実施            に実施
```

問1-5. 貴社では、情報システムから得られる情報を自社の経営に活用できていると思いますか。ご回答者の認識として当てはまるもの**1つ**に○をお付けください。

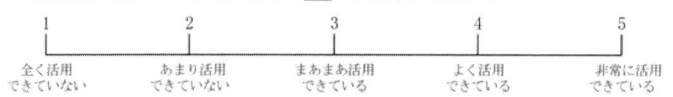

```
    1             2             3            4             5
全く活用       あまり活用     まあまあ活用   よく活用      非常に活用
できていない   できていない   できている     できている    できている
```

2．貴社の情報システムの導入について伺います。

問2-1. 情報システムの新規導入、再構築等の最終的な判断に関して、最も影響を与えた、あるいは主体的な働きかけをした方は誰ですか。当てはまるもの**1つ**に○をお付けください。

1. 社長　2. 担当役員（CIO）　3. 担当課長・リーダークラス　4. IT担当者

問2-2. 情報システム導入前に、「情報化計画書」やITベンダー※に事前に示す「提案依頼書・要求仕様書〈RFP〉」を策定しましたか。当てはまるもの**1つ**に○をお付けください。

	1.自社主導で策定した	2.コンサルタント※主導で策定した	3.策定しなかった
① 情報化計画書を	1	2	3
② 提案依頼書・要求仕様書（RFP）を	1	2	3

※ITベンダー：情報システム開発・販売企業
※コンサルタント：情報システム導入を支援する企業または個人

問2-3. 情報システム導入に際し、外部の企業や専門家に、相談や支援を依頼しましたか。最も当てはまるもの**1つ**に○をお付けください。

```
  0. 依頼しなかった　（→問2-5へ）

  〔公的機関・民間企業に依頼した〕
   1. 公的機関及び公的機関の派遣した専門家（資格・肩書き等：          ）
   2. 金融機関　　　3. コンサルタント企業　　4. 大手ITベンダー
   5. 中小ITベンダー　6. その他企業・機関（              ）

  〔個人の専門家に直接、依頼した〕
   7. 中小企業診断士　8. 税理士・公認会計士　9. ITコーディネーター
   10.情報処理技術者　11.その他専門家（              ）
```

問 2-4. 問 2-3 で相談や支援を依頼したと回答した方に伺います。その時、どのような支援を受けましたか。当てはまるもの**全て**に○をお付けください。

1. 他社事例や最新技術動向の情報提供や比較検討の助言
2. 業務分析等により、問題点等の洗い出しや必要となるデータの抽出
3. 自社のビジネスの最適化（ビジネスの方法や手順に係る再精査）の提案
4. 経営分析と情報化戦略の立案
5. 上記のような支援は受けず、当社の要求を伝え、IT ベンダーの紹介や即導入を依頼
6. その他（　　　　　　　　　　　　　　　　　　　　　　　　　　　　）

問 2-5. 情報システム導入の際、最終的に IT ベンダーを選定した理由は何ですか。当てはまるもの**全て**に○をお付けください。

1. IT ベンダーの知名度
2. IT ベンダーとの継続取引（前回もその企業に依頼したため）
3. IT ベンダーの担当者の知識水準の高さ
4. IT ベンダーの他社での実績やノウハウの充実
5. 短期間での導入
6. 低価格での調達
7. 取引先や外部の専門家等からの推薦
8. その他（　　　　　　　　　　　　　　　　　　　　　　　　　　　　）

問 2-6. 情報システム導入時に、それまでの貴社のビジネスのやり方や手順を変更しましたか。当てはまるもの**1つ**に○をお付けください。

1. 自社主導で大幅（組織や人員配置含む）に変えた
2. 自社主導でやや（利用部門で対応できる範囲）変えた
3. コンサルタント主導で大幅に変えた
4. コンサルタント主導でやや変えた
5. IT ベンダー主導で大幅に変えた
6. IT ベンダー主導でやや変えた
7. あまり変えなかった（変わらなかった）

問 2-7. 情報システムからどのようなデータを得て、自社の経営に活用すべきかを決定した経緯は、次のうちどれですか。当てはまるもの**1つ**に○をお付けください。

1. 自社主導で決めた
2. 自社とコンサルタントとの話合いで決めた
3. 自社と IT ベンダーとの話合いで決めた
4. 主にコンサルタントからの助言・指導で決めた
5. 主に IT ベンダーからの助言・指導で決めた
6. 上記以外の機関や専門家（　　　　　　　　　　　　　　　　　　　　）

3．貴社の情報システム導入後の評価について伺います。

問 3-1. 情報システムについて、導入後に何らかの方法で、評価を実施していますか。当てはまるもの**1つ**に○をお付けください。

1. 実施している　（→問 3-2 へ）	2. 実施していない　（→問 3-4 へ）

3

アンケート調査票

問 3-2. **問 3-1 で「1. 実施している」と回答した方**に伺います。評価を実施している方は，誰ですか。当てはまるもの**1つ**に○をお付けください。
1. 社長　2. 自社の役員（CIO）　3. 自社の役員と社員　4. 自社の社員
5. 社外の第三者で，導入に関わったコンサルタントやITベンダー
6. 社外の第三者で，システム導入に全く関係のなかった方

問 3-3. **問 3-1 で「1. 実施している」と回答した方**に伺います。①評価を実施する目的（理由）について最も当てはまるもの**1つ**と、②それに該当する基準（重視する内容）について、当てはまるもの**全て**に○をお付けください。

① 評価を実施する目的（理由）は、〈**1つ**選択〉	② 評価の基準（重視する内容）は、〈当てはまるもの**全て**選択〉
1. 投資対効果の把握 2. システムの安全性・信頼性の維持向上 3. 社員の満足度・活用力の向上による業務品質の向上 4. 情報化戦略（計画）の実現・実効性の確認 5. ビジネスのやり方や手順の改革の推進 6. その他（　　　　　　　　　）	1. 業務時間（処理速度）の短縮 2. 顧客数の増加 3. 売り上げの増加 4. 人件費の削減 5. コスト削減（人件費以外） 6. 新規事業への参入・新商品開発の可否 7. 販路の開拓・拡大 8. 社員の満足度（モチベーション）の向上 9. 業務フロー（業務のやり方・手順）変更による混乱の有無 10. 情報セキュリティに関わる問題の発生 11. その他（　　　　　　　　　）

問 3-4. **全ての方**に伺います。情報システム投資評価実施において、最も難しい点、または評価を実施していない、最大の理由は何ですか。当てはまるもの**1つ**に○をお付けください。
1. 導入後に得られた利益が情報システムによるものか、それ以外か判断できない
2. 情報システムの導入期間を区切ることが難しい（常に、通年を通して情報システムの改善を行っている）
3. 適切な評価手法が見当たらない
4. 情報システムを評価できる適任者がいない
5. 評価をしている時間がない
6. 情報システムは数値化評価ができない（客観的な評価ができない）
7. 情報システムを評価するものと認識していない
8. その他（　　　　　　　　　　　　　　　）

4. 貴社の情報システムに関する運営体制と今後の方針について伺います。

問 4-1. 貴社において情報システム部門に相当する専門部署もしくは専任者を設けていますか。当てはまるもの**1つ**に○をお付けください。部署名・人数もご記入願います。
1. 専門部署を設けている（専門部署名：　　　　，人数：　　名）
2. 他部署が兼任している（他部署名：　　　　，専任者人数：　　名）
3. 設けていない

問 4-2. 情報システムを利用する社員について，貴社ではどのような知識や能力が不足していると感じますか。当てはまるもの**全て**に○をお付けください。

1. ソフトウエア・PCの操作知識（活用知識）
2. ハードウエアや通信に関する技術知識
3. 自社システムの機能やデータ収集に係る知識
4. 情報システムで得られるデータを分析，評価する知識
5. 分析結果を実際に事業に活かす意欲やスキル
6. その他（　　　　　　　　　　　　　　　　　）

問 4-3. 貴社において導入した情報システムを積極的に活用するために社員に対して研修や勉強会を行っていますか。当てはまるもの**1つ**に○をお付けください。

1	2	3	4	5
行っていない	システムの導入，再構築，拡張，変更があった際に都度	年に一回程度行っている	定期的に（年に数回）行っている	定期的に（ほぼ毎月）行っている

問 4-4. 貴社にとって今後，どのような目的で情報システムを活用して行くことが，最も重要だと思いますか。当てはまるもの**1つ**に○をお付けください。

1. 意思決定・経営判断の支援ツールとして
2. 新商品の開発・新事業の展開
3. 業務の合理化・標準化・スピード化
4. 業務に係るコストや製品価格の低減
5. 顧客の管理，分析
6. 販売チャネルの拡大
7. 取引先とのコミュニケーションの円滑化
8. 金融機関・取引先からの要請
9. 社員の意識の向上・情報共有
10. その他（　　　　　　　　）

問 4-5. 今後3年～5年以内を目安に，新規導入あるいは再構築が必要となる分野は，次のうちどれですか。**以下の適用分野毎**に当てはまるもの**1つ**に○をお付けください。

	適用分野	1.新規導入を検討	2.システムの再構築を検討	3.未定（わからない）	4.適用対象外
業務系	① 資材・部品の調達	1	2	3	4
	② 在庫管理・物流	1	2	3	4
	③ 生産管理（進捗管理）	1	2	3	4
	④ 品質管理	1	2	3	4
	⑤ 販売管理	1	2	3	4
	⑥ 顧客管理，サポート	1	2	3	4
管理系	⑦ 経営戦略決定（企画立案）	1	2	3	4
	⑧ 管理会計	1	2	3	4
	⑨ 人的資源管理	1	2	3	4
	⑩ 財務管理	1	2	3	4
	⑪ 社内情報共有	1	2	3	4
	⑫ 知的財産管理（特許等）	1	2	3	4
	⑬ その他（　　　）	1	2	3	4

アンケート調査票

5．貴社の IT 化による新たな展開について伺います。

問 5-1．ウェブサイト等を活用した「e コマース」について伺います。当てはまるもの**全て**に○をお付けください。

1. 一般消費者向け（B to C）のサイトを開設し，ビジネスを行っている
2. 法人向けの（B to B）のサイトを開設し，ビジネスを行っている
3. 例えば楽天などの知名度のあるショッピングサイトに出店している
4. e コマースは行っていないが，ホームページやブログを開設し，自社や自社製品を広報している
5. 特定のサイトに登録して，資材・部品の調達を行っている
6. 特定のサイトに登録して，顧客を得ている
7. 上記は行っていない

問 5-2．**問 5-1 で「1，2，3」を回答した方**に伺います。e コマースの効果は，いかがですか。当てはまるもの**全て**に○をお付けください。

1. これまでにない顧客開拓ができている
2. 海外市場への参入を実現している
3. 自社の売り上げに貢献している
4. 取引コストの低減に貢献している
5. 人員削減に貢献している
6. その他（　　　　　　　　　　　　　　　　　　　　　）

問 5-3．貴社では情報システムの運用において，下記のモバイル機器を活用していますか。当てはまるもの**全て**に○をお付けください。但し，電話やメールのみのような情報システムと連動しない活用は含みません。

1. 携帯電話　　　2. PDA　　　3. モバイル用 PC
4. その他，専用小型端末（　　　　　　　　）　5. 活用していない

問 5-4．下記のどの点が改善されれば，モバイル機器の活用が普及すると思いますか。最も当てはまるもの**1つ**に○をお付けください。

1. 現在活用しておらず，今後もモバイル機器を活用する予定はない
2. 通信料金が安くなること
3. 機器代金が安くなること
4. 通信速度が改善されること
5. モバイル機器用のソフトウエアの開発が進むこと
6. 機器のバッテリー問題が解決されること
7. その他（　　　　　　　　　　　　　　　　　　　　　）

6．貴社のプロフィールと情報システムについて伺います。

問 6-1．貴社の事業形態は次のうちどれですか。当てはまるもの**1つ**に○をお付けください。
1. 製品・部品・材料を生産して顧客に納品している
2. 製品・部品・材料を生産して物流し、顧客に販売している
3. 部品や材料を組み立てて、製品として顧客に納品している
4. 製品を仕入れ販売している
5. 製品や部品を流通させている（運んでいる）
6. 料理や飲み物を作り、自店で販売（提供）している
7. 一般顧客に何らかのサービスを提供して対価を得ている
8. 法人顧客に何らかのサービスを提供して対価を得ている
9. その他（　　　　　　　　　　　　　　　　　　　　　）

問 6-2．貴社はいくつの支社・事業所・工場をお持ちですか。当てはまるもの**1つ**に○をお付けください。
1. 1ヶ所（本社・本社工場・本店のみ）　2. 2ヶ所〜5ヶ所
3. 6ヶ所〜10ヶ所　　　　　　　　　　　4. 11ヶ所以上

問 6-3．前年度の売上高を「100」とした場合、前々年度と今年度見込みは概ねどの程度ですか。**整数値**でご記入ください。〈例：前々年度（105）→前年度（100）→今年度見込み（85）〉

前々年度（　　　　）→　前年度（ 100 ）→　今年度見込み（　　　　　）

問 6-4．前年度の IT に関わる費用を 100 とした場合、前々年度と今年度の見込みは概ねどのような傾向ですか。**整数値**でご記入ください。尚、資産計上される機器やソフトウエアについては、減価償却費分を費用として勘案ください。

前々年度（　　　　）→　前年度（ 100 ）→　今年度見込み（　　　　　）
※今年度増減の主な理由（　　　　　　　　　　　　　　　　　　　　　　）

問 6-5．貴社が**直近で導入**した情報システムのおおよその金額（ハード・ソフト込み）と導入方法をお教えください。導入形態については当てはまるもの**1つ**に○をお付けください。

約（　　　　　）万円で　1. 自社またはオーダーメイドで開発（構築）
　　　　　　　　　　　　2. パッケージソフトをカスタマイズ
　　　　　　　　　　　　3. パッケージソフトをほぼそのまま導入

問 6-6．中小企業の IT 化に関わる支援等に関してご意見・ご要望があればご記入ください。

アンケート調査票

[ご参考] 表1 情報システムの種類（例示）

業務系	① 資材・部品の調達	①-1. 部品調達システム	業務系	④ 品質管理	④-1. 品質管理システム
		①-2. 資材調達システム		⑤ 受注管理	⑤-1. 受注管理（処理）システム
		①-3. 購買管理システム		⑤ 販売管理	⑤-2. 営業管理システム
		①-4. 原価管理システム			⑤-3. 販売管理システム
		①-5. 発注管理システム			⑤-4. 返品管理システム
		①-6. 仕入管理システム			⑥-1. 顧客管理システム
		①-7. 輸入管理システム		⑥ 顧客管理、サポート	⑥-2. ユーザサポートシステム
	② 在庫管理・物流	②-1. 部品物流システム			⑥-3. コンタクトセンターシステム
		②-2. 庫内物流システム			⑥-4. 顧客サービスシステム
		②-3. 社内物流システム			⑥-5. マーケティングシステム
		②-4. 入庫管理システム	管理系	⑦ 経営戦略決定（企画立案）	⑦-1. 経営戦略決定（立案）システム
		②-5. 入荷管理システム		⑧ 管理会計	⑧-1. 人員管理システム
		②-6. 在庫管理システム		⑨ 人的資源管理	⑨-2. スケジュール管理システム
		②-7. 物流管理システム			⑨-3. 人事管理システム
		②-8. 出庫処理システム			⑨-4. 勤怠管理システム
		②-9. ピッキング処理システム		⑩ 財務管理	⑩-1. 財務管理システム
		②-10. 配送管理システム		⑪ 社内情報共有	⑪-1. 社内コミュニケーションシステム
	③ 生産管理（進捗管理）	③-1. 生産管理システム			⑪-2. ナレッジマネジメントシステム
		③-2. 生産計画システム		⑫ 知的財産管理（特許等）	⑫-1. 特許等知的財産管理システム
		③-3. 進捗管理システム		⑬ その他	その他、基幹業務を支援するシステム
		③-4. 設計管理システム			

質問は以上です。ご多忙のこととは存じますが、この用紙を別添の返信用封筒にて**9月10日(木)**までにご返信くださいますよう宜しくお願い致します。

なお、後日、ご回答内容に関して詳細の確認のために、ご連絡をとらせていただくことがございますので、その際はご協力くださいますようお願い申し上げます。
また、10月頃に数社にご協力いただき、インタビュー形式で一時間程度の取材をさせていただく予定です。もし、日程が合えば取材に応じられる可能性のある方はチェックをお願い申し上げます。

差し支えなければ貴社名等をご記入くださいますようお願い申し上げます。

貴社（事業所）名		
ご担当者	部署名	
	お役職	
	お名前	
ご連絡先	所在地	〒 －
	e-mail	@
	TEL	
	FAX	

□ 日程が合えば、取材に応じられる （チェック願います）

《 ご協力ありがとうございました 》

情報システムの活用・評価、そしてECに関するアンケート調査票

本紙はアンケート調査票と回答用紙を兼ねています。

問1. 貴社では，書面などの記録に残る形で経営計画（戦略）を策定していますか。当てはまるもの**1つ**に○をお付けください。

1. 策定している	2. 策定していない

問2. 貴社における経営計画（戦略）に含まれている計画は何ですか。当てはまるもの**全て**に○をお付けください。

1. 予算計画	2. 売上計画
3. 人員・組織計画	4. 情報化計画
5. 生産計画	6. 販売計画
7. 物流計画	8. 調達計画
9. 品質管理計画	10. その他（　　　　　　）

問3. 貴社では，情報化計画（戦略）は経営計画（戦略）に基づいて、あるいは参考にして策定していますか。当てはまるもの**1つ**に○をお付けください。

1. 策定している	2. 策定していない

問4. 情報システムの新規導入，再構築等の最終的な判断に関して，最も影響を与えた，あるいは主体的な働きかけをした方は誰ですか。社内と社外のそれぞれについて、当てはまるもの**1つ**に○をお付けください。

社内	社外
1. 社長	1. コンサルタント*
2. 情報システム担当役員（CIO）	2. ITベンダー*
3. 情報システム担当部長	3. その他（　　　　　　）
4. 情報システム担当課長（リーダ）	4. 社内のみで判断した
5. 情報システム担当者	

*ITベンダー：情報システム開発・販売企業
*コンサルタント：情報システム導入を支援する企業または個人

問5. 情報システム導入の理由・背景について，**以下のそれぞれの項目ごと**に当てはまるもの**1つ**に○をお付けください。

理由・背景	1. 全くそう思わない	2. あまりそう思わない	3. まあまあそう思う	4. かなりそう思う	5. 非常にそう思う
競合企業との競争力強化	1	2	3	4	5
協力企業との関係強化	1	2	3	4	5
業態の変化	1	2	3	4	5
顧客からの強い要求	1	2	3	4	5
市場環境の変化	1	2	3	4	5
経営計画（戦略）の刷新	1	2	3	4	5

問6. 貴社が初めて導入した情報システムのおおよその金額（ハード・ソフト込み）と導入年、導入方法をお教えください。導入形態については当てはまるもの**1つ**に○をお付けください。

約（　　　　）万円で 西暦（　　　　）年に	1. パッケージソフト（カスタマイズ大）を使用 2. パッケージソフト（カスタマイズ小）を使用 3. パッケージソフトをほぼそのまま導入 4. 市販のソフトウェアを購入して使用 5. オーダーメイドで導入

アンケート調査票

問 7-1. 情報システムを導入する前に，貴社の業務遂行に必要な機能，あるいは業務について要件定義※を実施しましたか。最も当てはまるもの **1つ** に○をお付けください。
　　　※要件定義とは，貴社の業務を情報システムに置き換える際に，必要となる機能について整理をすることを指します。

| 1. 要件定義を実施した | 2. 要件定義を実施していない |

問 7-2. **問 7-1 で「1. 要件定義を実施した」と回答した方**に伺います。要件定義に関して，最も影響を与えた，あるいは主体的な働きかけをした方は誰ですか。社内と社外のそれぞれについて，当てはまるもの **1つ** に○をお付けください。

社内	社外
1. 社長	1. コンサルタント
2. 情報システム担当役員（CIO）	2. IT ベンダー
3. 情報システム担当部長	3. その他（　　　　　　）
4. 情報システム担当課長（リーダ）	4. 社内のみで要件定義を実施した
5. 情報システム担当者	

問 8. 情報システムを導入する際に，情報システムを実際に利用する部門は積極的に関わりましたか。当てはまるもの **1つ** に○をお付けください。

```
   1            2            3            4            5
 全く        あまり        まあまあ       かなり        非常に
関わらなかった 関わらなかった  関わった      関わった      関わった
```

問 9. 情報システム導入にあたって，それまでの業務手順を変更しましたか。**以下の業務手順ごと** に当てはまるもの **1つ** に○をお付けください。変更していない業務手順については，○をつけずにご回答ください。

業務手順	1. 全く変更していない	2. あまり変更していない	3. まあまあ変更した	4. かなり変更した	5. 非常に変更した
① 資材・部品の調達	1	2	3	4	5
② 在庫管理・物流	1	2	3	4	5
③ 製造，生産管理（進捗管理）	1	2	3	4	5
④ 品質管理	1	2	3	4	5
⑤ 販売管理	1	2	3	4	5
⑥ 顧客管理，サポート	1	2	3	4	5

問 10. 情報システム導入の障壁となった要因に関して，**以下のそれぞれの項目ごと** の重要度について当てはまるもの **1つ** に○をお付けください。

目的	1. 全く重要ではない	2. あまり重要ではない	3. まあまあ重要である	4. かなり重要である	5. 非常に重要である
① 財政的要因	1	2	3	4	5
② 技術的要因	1	2	3	4	5
③ 人材的要因	1	2	3	4	5
④ 企業文化的要因	1	2	3	4	5
⑤ 業態的要因	1	2	3	4	5
⑥ 市場環境的要因	1	2	3	4	5

問11. 貴社の情報システム導入の目的について**以下の目的ごと**に当てはまるもの**1つ**に○をお付けください。

目的	1. 全く当てはまらない	2. あまり当てはまらない	3. まあまあ当てはまる	4. かなり当てはまる	5. 非常にあてはまる
① 社内全体の人件費削減	1	2	3	4	5
② 情報システムの運用費削減	1	2	3	4	5
③ 事業運用コストの削減	1	2	3	4	5
④ 事業運用の円滑化	1	2	3	4	5
⑤ 生産性（事業実施効率）の向上	1	2	3	4	5
⑥ 人員の削減	1	2	3	4	5
⑦ 顧客サービスの向上	1	2	3	4	5
⑧ 物流機能の効果	1	2	3	4	5
⑨ 製品・商品・サービスの品質向上	1	2	3	4	5
⑩ 競合企業に対する競争力強化	1	2	3	4	5
⑪ 顧客の増加	1	2	3	4	5
⑫ 市場シェアの拡大	1	2	3	4	5
⑬ 新規業務の開拓支援	1	2	3	4	5
⑭ 協力企業との関係拡大・強化	1	2	3	4	5
⑮ 市場の分析	1	2	3	4	5
⑯ 経営情報データの分析支援	1	2	3	4	5
⑰ 経営戦略策定、事業システム構築	1	2	3	4	5
⑱ 組織内コミュニケーション円滑化	1	2	3	4	5

問12. 貴社が導入している情報システムの効果について**以下の効果ごと**に当てはまるもの**1つ**に○をお付けください。

効果	1. 全く効果はない	2. あまり効果はない	3. まあまあ効果がある	4. かなり効果がある	5. 非常に効果がある
① 社内全体の人件費削減	1	2	3	4	5
② 情報システムの運用費削減	1	2	3	4	5
③ 事業運用コストの削減	1	2	3	4	5
④ 事業運用の円滑化	1	2	3	4	5
⑤ 生産性（事業実施効率）の向上	1	2	3	4	5
⑥ 人員の削減	1	2	3	4	5
⑦ 顧客サービスの向上	1	2	3	4	5
⑧ 物流機能の効果	1	2	3	4	5
⑨ 製品・商品・サービスの品質向上	1	2	3	4	5
⑩ 競合企業に対する競争力強化	1	2	3	4	5
⑪ 顧客の増加	1	2	3	4	5
⑫ 市場シェアの拡大	1	2	3	4	5
⑬ 新規業務の開拓支援	1	2	3	4	5
⑭ 協力企業との関係拡大・強化	1	2	3	4	5
⑮ 市場の分析	1	2	3	4	5
⑯ 経営情報データの分析支援	1	2	3	4	5
⑰ 経営戦略策定、事業システム構築	1	2	3	4	5
⑱ 組織内コミュニケーション円滑化	1	2	3	4	5

アンケート調査票

問13. 貴社では，情報システムに関わる予算を「投資」，あるいは「費用」いずれとしてお考えですか。当てはまるもの**1つ**に○をお付けください。

1. 投資である	2. 費用である

問14-1. 貴社では情報システムについて，何らかの方法で評価を行っていますか。当てはまるもの**1つ**に○をお付けください。

1. 実施している　（→問14-2へ）	2. 実施していない　（→問14-5へ）

問14-2. **問14-1**で**「1. 実施している」**と回答した方にお伺います。情報システムに係る評価結果を元に，何らか，具体的な対応策を取っていますか。当てはまるもの**全て**に○をお付けください。

1. 情報システムの使いやすさの改善
2. 情報システムの性能向上
3. 情報システムの機能改善
4. 情報システムの機能追加
5. 組織や人員配置などの組織のあり方の改善
6. 業務の進め方などの業務手法の改善
7. 経営計画・情報化計画へのフィードバック
8. 情報システムの評価手法・評価項目へのフィードバック
9. 今後の情報システム導入に向けての問題点・改善点のリスト化
10. 情報システムに慣れていない利用者に対する教育

問14-3. **問14-1**で**「1. 実施している」**と回答した方にお伺います。情報システムの評価に関して，主体的な働きをした方は誰ですか。社内と社外のそれぞれについて，当てはまるもの**1つ**に○をお付けください。

社内	社外
1. 社長 2. 情報システム担当役員（CIO） 3. 情報システム担当部長 4. 情報システム担当課長（リーダ） 5. 情報システム担当者	1. コンサルタント 2. ITベンダー 3. その他（　　　　　　　　　） 4. 社内のみで評価を実施した

問14-4. **問14-1**で**「1. 実施している」**と回答した方にお伺います。現在，情報システムの評価ではどのような項目を評価対象として重視していますか。**以下の評価項目ごと**に当てはまるもの**1つ**に○をお付けください。

評価項目	1.全く重視していない	2.あまり重視していない	3.まあまあ重視している	4.かなり重視している	5.非常に重視している
①情報システムの投資対効果の確認	1	2	3	4	5
②情報システムの品質・信頼性の確認	1	2	3	4	5
③情報システムの社員満足度の確認	1	2	3	4	5
④経営計画・情報化計画の実現・実効性の確認	1	2	3	4	5
⑤事業運用の効率化の確認	1	2	3	4	5
⑥事業運用のコスト削減効果の確認	1	2	3	4	5
⑦情報システムによる顧客増加効果の確認	1	2	3	4	5
⑧情報システムによる市場シェア拡大効果の確認	1	2	3	4	5
⑨売上に対する情報システムの貢献度の確認	1	2	3	4	5
⑩新規業務の開拓に対する支援効果の確認	1	2	3	4	5
⑪自社と他社の情報システムの比較（ベンチマーク）	1	2	3	4	5
⑫経営方針決定の支援効果の確認	1	2	3	4	5

問 14-5. **問 14-1 で「2. 実施していない」と回答した方**に伺います。今後，情報システムの評価を実施する必要があるとお考えですか。当てはまるもの**1つ**に○をお付けください。

```
1──────2──────3──────4──────5
全く    あまり   まあまあ  かなり   非常に
そう思わない そう思わない そう思う そう思う そう思う
```

問 14-6. **全ての方**に伺います。情報システムの評価を実施する際に，何らかの問題点や改善点をお持ちですか。最も問題点や改善点とお考えのもの**1つ**に○をお付けください。

1. 定量的に評価できない
2. 評価についてアドバイスを求める外部機関がない
3. 適切な評価手法の使い方が分からない
4. 適切な評価手法が見つからない
5. 評価をどうやって行って良いか分からない
6. 評価をする人員がいない
7. 評価に時間がかかる
8. 評価にコストがかかる

問 14-7. **全ての方**に伺います。可能ならば，将来的に情報システムの評価ではどのような項目を評価対象として重視したいとお考えですか。**以下の評価項目ごと**に当てはまるもの**1つ**に○をお付けください。

評価項目	1.全く重視しない	2.あまり重視しない	3.まあまあ重視したい	4.かなり重視したい	5.非常に重視したい
①情報システムの投資対効果の確認	1	2	3	4	5
②情報システムの品質・信頼性の確認	1	2	3	4	5
③情報システムの社員満足度の確認	1	2	3	4	5
④経営計画・情報化計画の実現・実効性の確認	1	2	3	4	5
⑤事業運用の効率化の確認	1	2	3	4	5
⑥事業運用のコスト削減効果の確認	1	2	3	4	5
⑦情報システムによる顧客増加効果の確認	1	2	3	4	5
⑧情報システムによる市場シェア拡大効果の確認	1	2	3	4	5
⑨売上に対する情報システムの貢献度の確認	1	2	3	4	5
⑩新規業務の開拓に対する支援効果の確認	1	2	3	4	5
⑪自社と他社の情報システムの比較	1	2	3	4	5
⑫経営方針決定の支援効果の確認	1	2	3	4	5

問 15. 前年度の情報システムに関わる費用全般（新規導入費用，維持費用（メンテナンス費用）を含む）を 100 とした場合，前々年度と今年度の見込みは概ねどのような傾向ですか。**整数値**でご記入ください。尚，資産計上される機器やソフトウェアについては，減価償却費分を費用として勘案ください。

前々年度（　　　　）　→　前年度（ 100 ）　→　今年度見込み（　　　　）
※今年度増減の主な理由（　　　　　　　　　　　　　　　　　　　　　）

アンケート調査票

問 16-1. 貴社の事業形態と主要な顧客の規模は次のうちどれですか。自社と顧客のそれぞれについて、当てはまるもの**1つ**に○をお付けください。

自社の事業形態	主要な顧客の規模
1. 製造業 2. 卸売業・小売業 3. 情報通信業 4. 運送業・郵便業 5. 宿泊業・飲食サービス業 6. 生活関連サービス業・娯楽業 7. サービス業（他に分類されない）	1. 大企業 2. 中小企業 3. 個人

問 16-2. **問16-1で主要な顧客の規模を「1. 大企業」、または「2. 中小企業」と回答した方に伺います。**貴社の主要な顧客の事業形態は次のうちどれですか。当てはまるもの**1つ**に○をお付けください。

1. 製造業
2. 卸売業・小売業
3. 情報通信業
4. 運送業・郵便業
5. 宿泊業・飲食サービス業
6. 生活関連サービス業・娯楽業
7. サービス業（他に分類されない）

問 17. 前年度の売上高を「100」とした場合、前々年度と今年度見込みは概ねどの程度ですか。**整数値**でご記入ください。〈例：前々年度（105）→前年度（100）→今年度見込み（85）〉

前々年度（　　　）　→　前年度（ 1 0 0 ）　→　今年度見込み（　　　）

問 18. 貴社が**直近で**導入した情報システムのおおよその金額（ハード・ソフト込み）と導入方法をお教えください。導入形態については当てはまるもの**1つ**に○をお付けください。

約（　　　　　）万円で
1. パッケージソフト（カスタマイズなし）を使用
2. パッケージソフト（カスタマイズ小）を使用
3. パッケージソフトをほぼそのまま導入
4. 市販のソフトウェアを購入して使用
5. オーダーメイドで導入

問 19-1. 貴社ではEC（電子商取引：いわゆる「B to B, B to C」であり、インターネットを活用した、取引業者や顧客との、情報交換・共有、契約、決済を指す。）を実施していますか。当てはまるもの**1つ**に○をお付けください。

1. 実施している　（→問19-2へ）　　2. 実施していない　（→問19-3へ）

問 19-2. 問 19-1 で「**実施している**」と回答した方に伺います。 EC を実施した動機とその重要度について、当てはまるもの**1つ**に〇をお付けください。

評価項目	1. 全く重視しない	2. あまり重視しない	3. まあまあ重視したい	4. かなり重視したい	5. 非常に重視したい
① 顧客からの要求、顧客満足度アップ	1	2	3	4	5
② 競合他社が EC を実施しているため	1	2	3	4	5
③ 部材供給先（入手先）企業の要求	1	2	3	4	5
④ 事業実施コストの削減	1	2	3	4	5
⑤ 社内人員削減	1	2	3	4	5
⑥ 新たな事業（ビジネスモデル）の創造	1	2	3	4	5
⑦ 新しいビジネス（業務分野）への進出	1	2	3	4	5
⑧ 企業名を浸透させるため	1	2	3	4	5
⑨ 市場が拡大しているため（潜在顧客が増加）	1	2	3	4	5
⑩ 政府や地方自治体等からの導入のための資金支援（があるため）	1	2	3	4	5

問 19-3. **問 19-1 で「実施していない**」と回答した方に伺います。EC を実施していない理由及び、その重要度について、当てはまるもの**1つ**に〇をお付けください。
（顧客とは、納入先企業、一般消費者及び、部材供給企業を指します。）

評価項目	1. 全く重視しない	2. あまり重視しない	3. まあまあ重視したい	4. かなり重視したい	5. 非常に重視したい
① 顧客が、直接的なコミュニケーションを求めるため	1	2	3	4	5
② 顧客が、データ共有をいやがる	1	2	3	4	5
③ 顧客に、十分な技術リテラシがないため	1	2	3	4	5
④ EC を実施しても、十分な利益を得る見通しがない	1	2	3	4	5
⑤ EC を実施しても、現在の経費（費用）を削減できる見通しがない	1	2	3	4	5
⑥ 社内に EC（IT）を理解する社員がいない（別途雇う必要がある）	1	2	3	4	5
⑦ 現在の業務と EC を同時に行う余裕がない	1	2	3	4	5
⑧ クレジットカード扱いとなり、現金が即時に手元に入らない	1	2	3	4	5
⑨ EC を実施するために必要な IT を構築（利用）する費用がない	1	2	3	4	5
⑩ 業界に EC を活用する環境が整備されていないため	1	2	3	4	5

アンケート調査票

問20. 問19-1で「実施している」と回答した方に伺います。　EC実施による効果とその度合いについて、当てはまるもの**1つ**に〇をお付けください。

効果	1.全く効果はない	2.あまり効果はない	3.まあまあ効果がある	4.かなり効果がある	5.非常に効果がある
① 事業実施（事務も含め）が円滑になった	1	2	3	4	5
② 社員の生産性、仕事効率が向上した	1	2	3	4	5
③ 売上が上昇	1	2	3	4	5
④ 市場でのシェアが増加	1	2	3	4	5
⑤ 顧客数が増加	1	2	3	4	5
⑥ 客単価が上昇	1	2	3	4	5
⑦ 売れる製品の種類が拡大	1	2	3	4	5
⑧ 資材の仕入れ先企業数が増加	1	2	3	4	5
⑨ 資材を安価に入手できるようになった	1	2	3	4	5
⑩ 顧客サービスの向上	1	2	3	4	5
⑪ 国際間の顧客が増加	1	2	3	4	5
⑫ 在庫コストが減少	1	2	3	4	5
⑬ 国際間の売上げが増加	1	2	3	4	5

問21. 問19-1で「実施している」と回答した方に伺います。　貴社で、ECにて実施している事業、サービスは以下のいずれですか。該当するもの全てに〇を付けください。
1. 自社ホームページを活用した製品・商品の販売（対、一般顧客＆法人）
2. 情報システムを使ったデータ交換による、資材・部材の売買・納品（物流）の実施（サプライチェーンマネジメントの実施）
3. 自社ホームページを活用した製品・商品の販売及びそれに連動させた顧客情報管理（顧客の嗜好、履歴等）
4. 自社ホームページを用いた製品・商品販売に連動させた、ポイントシステムの導入
5. インターネット上での、クレジットカードを使った電子決済
6. 取引先が指定した情報システムの導入と、受発注に係る情報交換
7. 顧客に対する製品・商品のリコメンデーション（推薦）機能の提供
8. 楽天、アマゾン、Ｙａｈｏｏ！など、既存EC基盤を活用した出店、出品。

問22. 問19-1で「実施している」と回答した方に伺います。　ECで利用しているITの実態や、環境についてお教えください。
1. 自社でBtoCのサイトの構築・運用を行っている。
2. 自社でBtoBのシステムを構築している。
3. SaaS＆クラウドなどを利用（有料・無料）
4. 楽天、アマゾン、Ｙａｈｏｏ！などの既存EC基盤を活用
5. インターネットプロバイダーのサービスを活用している

問23. 以下の項目について、EC実施の必要性は高いでしょうか、低いでしょうか。

	1.全く重要ではない	2.あまり重要ではない	3.まあまあ重要である	4.かなり重要である	5.非常に重要である
①売上げや市場シェア拡大、顧客拡大	1	2	3	4	5
②既存顧客のサービス向上	1	2	3	4	5
③事業実施コスト削減、人件費削減	1	2	3	4	5
④世の中の変化を掴み、ついて行くため	1	2	3	4	5
⑤事業の国際化を図るため（海外の顧客獲得）	1	2	3	4	5
⑥大企業との経営資源の格差解消	1	2	3	4	5
⑦自社のブランド（信用）構築	1	2	3	4	5
⑧財政基盤が強くない中小企業の事業展開	1	2	3	4	5
⑨少しでも優れた人材を確保するため	1	2	3	4	5
⑩ITに必要となる限界費用が著しく下がっているため	1	2	3	4	5

問24. 以下のツール（ハード・ソフト）をビジネスに何らか利用していますか。（該当するものの全てに○を付けてください。）

| 1. ツイッター |
| 2. フェースブック |
| 3. ヤフーオークション |
| 4. 楽天市場 |
| 5. グーグル製品　APS　（マップ、メール） |
| 6. アマゾン　APS |
| 7. アマゾン、グーグルなど検索エンジンへの広告掲載 |
| 8. ブログ（アフィリエータの活用も含めて） |
| 9. 携帯電話などモバイルアプリケーション |
| 10. i-pod、i-phone　向けのアップルのアプリ群 |

問25-1. 問19-1で「**実施している**」と回答した方に伺います。貴社が EC において、顧客や取引企業とやりとりをしている内容（コンテンツ）は、以下のうちどれでしょうか。該当する、全てに○を、おつけください。

| 1. 商品、在庫データ |
| 2. 物流・配送データ |
| 3. 設計図や企画書など、ビジネス関連書類（デジタル） |
| 4. 決済、売り掛け、買い掛け　データ |
| 5. 資材、部材、生産個数等データ |
| 6. 売上げ、売上げ予測データ |
| 7. 商品・製品情報（色、サイズ、形、金額等）（対取引先、対顧客） |
| 8. 提供するサービス情報　（内容、金額） |

問25-2. 前問で、⑦、⑧に○を付けられた方にお伺いします。貴社が EC で、取り扱っている製品・商品、サービスは何でしょうか？具体的にご記載ください。

例：スポーツ用品、食品、衣料品、情報（不動産情報）、デジタル化した音楽等

（　　　　　　　　　　　　　　　　　　　　　）

ご協力、有り難うございました。
　　質問は以上です。ご多忙のこととは存じますが，この用紙を別添の返信用封筒にて**１０月２５日（月）**までにご返信くださいますよう宜しくお願い致します。
下記には、社判を押してくださっても結構です。（ハンコ、スタンプで結構です。）

貴社（事業所）名		
ご担当者	部署名	
	お役職	
	お名前	
ご連絡先	所在地	〒　―
	e-mail	@
	TEL	
	URL	

あとがき

　本書は，著者が横浜市立大学大学院国際マネジメント研究科博士後期課程に提出した学位論文に加筆修正をしたものである．指導教授である野々山隆幸先生（横浜市立大学大学院国際マネジメント研究科教授，現在は愛知産業大学経営学部教授・経営学部長）には，横浜市立大学大学院に入学してから，現在に至るまで，さまざまな面でご指導をいただいている．企業出身の筆者が，研究成果を博士論文としてまとめることができたのも，ひとえに野々山先生の温かく，親身なご指導があってこそであったと考えている．

　野々山先生が横浜市立大学を退職された後には，丸山宏先生（横浜市立大学大学院国際マネジメント研究科教授）に指導教授を引き継いでいただいた．学位論文提出までの苦しい期間に，きめ細かいご指導をいただいたことで，論文に厚みを持たせることができた．指導教授の野々山先生，丸山先生に，心より感謝を申し上げたい．

　また，永松陽明先生（横浜市立大学大学院国際マネジメント研究科准教授）にも，論文の作成において多くの有益なコメントをいただいた．永松先生の的確なアドバイスがなければ，博士論文としてまとめるまでにもっと時間がかかったのではないかと思う．

　本書で使用した2回のアンケート調査とその調査結果は，東京工業大学准教授の坂田淳一先生との共同研究によるものである．坂田先生との共同研究に参加をする機会をいただかなければ，博士論文につながる研究テーマに巡り合うことはなかった．永松先生，坂田先生にも，心より感謝を申し上げたい．

　刊行にあたっては，芙蓉書房出版の平澤公裕社長に大変，お世話になった．本書の刊行の機会をいただいたことに，改めて感謝申し上げたい．

　最後に，何かと回り道をした筆者の研究生活を温かく見守ってくれた両親に，心より感謝したい．

索 引

あ行
IT投資　36,43,48
アンケート調査　43,46,47
アンケート回答企業　12,157,160
Eコマース　163
意思決定　7,17,19-24,35,42,49-50
意思決定支援システム（DSS）　10,18,21-24
インターネット　16,32
営業支援　114,152,158

か行
外的要因　37,152
活用意識　11
管理系システム　16,56
記述統計量　145
競争戦略　24-26
競争優位　8,24,26,35,36,49
競争力　7,8,24,155
業務系システム　16,56
クラウド・コンピューティング　11,32,33,164
クラスター分析　73,90,95,96,138,141,143
クロス集計　73,90,117,147
経営計画　26,119
経営資源　8,11,15,24,29,42,50
経営情報システム（MIS）　10,18,19-21

経営戦略　24,35-36,42,48
経営層　25,129,131
効果測定　47,48
高度活用　9,37-40,42,47-53,P.54
高度活用マネジメント　54,62,71,153,161-162
効率化　8,15,20,24,30
コスト　30
コスト削減　8,36,49,152
コモディティ化　8,17,42,152
コンピュータ　15,16,17,26,42

さ行
サービス　32,164
財務的指標　9,36-37,43
CIO　25,45,46
自動化　17,20
主成分分析　73,90,93,157
省力化　8,17,30,153
情報化　8,25,30,48
情報化計画　.75,119
情報技術（IT）　7,17,25,50
情報システム　15,16,19,21
――――部門　107,109
――――の改善　31,42,47,77-79,122-123
――――の概念　19,26
――――の活用　8,30-32,36,49
――――の効果　9,36,104,152

情報戦略　24,35,36,38,.48
情報通信技術（ICT）　7,26
情報の活用　50,51,53,54
生産性　26,43
説明変数　135,136,145
戦略的活用　38,42
戦略的情報システム（SIS）　10,18,24-27
ソフトウェア　16,32

た行
大企業　7,8,9,27
ダミー変数　135,141
中小企業 IT 経営力大賞　12,61,62
中小企業白書　27,31,32
定性的　9,37
定量的　9,36,43
適用分野　15,45,55
デンドログラム　138,141,143
投資評価　107

な行
内的要因　141,146,152

は行
ハードウェア　32
PDCA サイクル　48,54,56
ヒト・モノ・カネ　8,11,24,29
評価指標　78
評価手法　106,151,164
評価対象　143,146
フィードバック　31,48,50
付加価値　52

プロセス　17,21
分析枠組　9,54,71
ベストプラクティス　90

ま行
マネジメントサイクル　36,47,48
目的変数　135,136,145

や行
要件定義　130,131

ら行
ロジスティック回帰分析　135,136,149

わ行
Ward 法　95,138,141,143

著者
仲野 友樹(なかの ゆうき)
1977年生まれ。埼玉大学経済学部社会環境設計学科卒業，早稲田大学大学院国際情報通信研究科修士課程修了，横浜市立大学大学院国際マネジメント研究科博士後期課程修了，横浜市立大学博士（経営学）の学位授与。
現在，千葉商科大学サービス創造学部専任講師。専攻は経営情報論。
【主要業績】「中小企業における情報システムの戦略的活用とその活用意識－全国778社を対象としたアンケート調査に基づく分析－」『戦略研究』13号，2013年。

情報システムの高度活用マネジメントの研究
――中小企業におけるIT活用をどう促進するか――

2015年9月15日　第1刷発行

著　者
仲野　友樹

発行所
㈱芙蓉書房出版
（代表　平澤公裕）
〒113-0033東京都文京区本郷3-3-13
TEL 03-3813-4466　FAX 03-3813-4615
http://www.fuyoshobo.co.jp

印刷・製本／モリモト印刷

ISBN978-4-8295-0658-5

【芙蓉書房出版の本】

売場の科学
セルフサービスでの買い方と売り方
渡辺隆之著　本体 2,300円

"売れるしくみ"をどうつくるか。発想を変えれば"まだまだ売れる"。ネット小売業は怖くない、いまこそリアル店舗復権の時。オムニチャネル時代の売場活性化の基本と応用をたくさんの事例を紹介し徹底解説。メーカー、流通業約40社の協力により開催された沖縄大学公開講座「購買の科学」の講義内容を大幅に加筆修正。

桁違い効果の経営戦略
新製品・新事業のビジネスモデル創造
石川 昭・税所哲郎編著　本体 2,500円

日本企業の生産性とコストパフォーマンスは本当に落ち込んでしまっているか？　新時代の生産性を飛躍的に向上させた劇的な桁違い効果の事例50件以上を分析し、新しいビジネスモデルを提示する。

日本型「ものがたり」イノベーションの実践
寺本義也編著　本体 2,300円

危機的状況といわれる日本のものづくり。日本企業の挑戦すべき課題は、「技術で勝ってビジネスで負ける」状態からの脱却と新たな成長の実現だ。未来を創るプロデューサー型人材たちの個々の企業におけるイノベーション実践を検証。

変革型ミドルのための経営実学
「インテグレーションマネジメント」のすすめ
橋本忠夫著　本体 1,900円

超複雑環境下での次世代経営スタイルはこれだ！　トップと変革型ミドルのオープンなコミュニケーションで実際の問題を解決する経営スタイル「インテグレーションマネジメント」を提唱。変革型ミドルとは、「経営目標の共有だけでなく、立案にも自主的に参画しようとする組織人」